Buntes Kochen

**Für alle Kinder, die im Bunten Kreis
die Rezepte erprobt haben und für die,
die es mit diesem Buch tun wollen.**

Buntes Kochen

einfach
frisch & gesund

Herausgegeben von

Der bunte Kreis
Augsburg

Impressum

Bibliografische Information der Deutschen Bibliothek:
Die Deutsche Bibliothek verzeichnet diese Publikation in
der Deutschen Nationalbibliografie; detaillierte
bibliografische Daten sind im Internet über
<http://dnb.ddb.de> abrufbar.

© 2006 Bunter Kreis gGmbH

Herstellung und Verlag:

Books on Demand GmbH, Norderstedt

Umschlaggestaltung und Zeichnungen:

Sibylla Spiegelhauer

ISBN 3-8334-4875-X

www.bunter-kreis.de

Inhalt

Liebe Eltern und Kinder,

liebe Köchinnen und Köche,

ein Buch dieser Art hat zwei Aufgaben zu erfüllen: Zunächst wünschen wir uns, dass die Rezepte und Kochanleitungen Ihnen und Euch helfen, die Wunschfigur zu erreichen oder zu behalten.

Gleichzeitig soll das Buch einen Beitrag leisten, den BUNTEN KREIS - einen Förderkreis für chronisch, krebs- und schwerstkranke Kinder der Kinderklinik Augsburg - in seiner Arbeit finanziell zu unterstützen. Denn 3 Euro und 98 Cent des Verkaufserlöses gehen an uns als Herausgeber des Buches, um ein bundesweit modellhaftes Projekt zur Nachsorge von betroffenen Familien zu fördern.

Ein solches Buch zu realisieren war aber nur möglich, weil wir von Eltern und Kindern viele Rezepte bekommen und die Diätassistentinnen im Bunten Kreis über Jahre Rezepte verändert und erprobt haben. Dafür an dieser Stelle ein herzliches Dankeschön an die Eltern und Kinder und an die Diätassistentinnen Lydia Gail, Angelika Trautwein, Heidrun Krautter und Renate Hunner.

Ihnen, liebe Leserinnen und Leser, wünschen wir beim Kochen und Backen viel Freude.

Der bunte Kreis
Förderkreis Kinderklinik Augsburg

Bevor Sie weiterblättern ....

Anlass für dieses Koch- und Backbuch waren wiederholte Anfragen von Eltern und Kindern nach fettreduzierten bzw. kalorienreduzierten Gerichten.

Jedes Rezept wurde von Kindern (6 – 16 Jahre) in unseren Kochkursen im Bunten Kreis ausprobiert und für lecker befunden.

Bedanken möchten wir uns bei den Kindern und Eltern, die mit ihren eigenen Ideen zum Entstehen des Buches beigetragen haben.

Die meisten Rezepte eignen sich auch für Diabetiker.
12g Kohlenhydrate entsprechen 1 BE.

Viel Spaß beim Kochen und Backen und gutes Gelingen wünschen Ihnen und Euch Kindern

die Diätassistentinnen des bunten Kreises

Getränke
Vorspeisen
Salate
Dips
Quark
Suppen

Maria´s Cocktail

250 ml Orangensaft
250 g Erdbeeren frisch oder gefroren
1 Prise Ingwer
1 Prise gemahlene Vanille
250 ml gut gekühltes Mineralwasser
1 Orange

Orangensaft mit den frischen oder den aufgetauten
Erdbeeren, dem Ingwer und der Vanille mixen, in 4 Gläser
verteilen und mit dem Mineralwasser kurz vor dem
Servieren auffüllen. Garnitur: Orange in ½ Scheiben
schneiden und mit Spießchen über den Cocktail hängen.

4 Cocktail   1 Cocktail: 60 kcal   250 kJ   0,4 g Fett   1 BE

Blutsbruder–Bowle

1 Liter Malventee kalt
½ Liter Blutorangensaft
1 Flasche Mineralwasser kalt
2 Zitronen unbehandelt

Malventee und Blutorangensaft in ein Bowlegefäß gießen.
Zitronen abwaschen, trocken reiben, in dünne Scheiben
schneiden und in die Bowle geben. Kurz vor dem Trinken
wird die Bowle mit dem kalten Mineralwasser aufgefüllt.

Ganze Bowle: 225 kcal   941 kJ   0,8 g Fett

Himbeer–Bowle

1 Liter Apfelsaft
2 Liter Mineralwasser
250 g Himbeeren gefroren
Zitronenmelisseblätter

Apfelsaft und Himbeeren in ein Bowlegefäß geben und kurz vor dem Trinken mit Mineralwasser auffüllen.
Die Zitronenmelisseblätter als Letztes dazu geben.

Ganze Bowle: 580 kcal   2427 kJ   4,1 g Fett   11 BE

Melonen–Bowle

1 Liter dünner grüner Tee
1 Liter Mineralwasser
1 Liter Apfelsaft
1 Zitrone
¼ Wassermelone
½ gelbfleischige Melone
½ grünfleischige Melone
15 Zitronenmelisseblätter

Grünen Tee zubereiten und erkalten lassen.
Grünen Tee, Apfelsaft und Zitronensaft in ein Bowlegefäß gießen. Die Melonen entkernen und mit einem Ausstecher Kugeln ausstechen und in die Bowle geben. Anstelle von Kugeln kann man das Melonenfleisch auch in Stückchen schneiden.
Kurz vor dem Trinken mit kaltem Mineralwasser auffüllen und die Zitronenmelisseblätter dazu geben.

Ganze Bowle: 782 kcal   3272 kJ   4,8 g Fett

Maria´s Melonentäschchen mit Ruccolasauce

½ Netzmelone
8 Scheiben rohen Schinken
8 sehr lange Schnittlauchröhrchen
½ Hand voll Ruccola
6 Radieschen
75 g Joghurt natur 1,5% Fett
Salz, Pfeffer
4 Salatblätter

Halbe Melone vierteln und diese entkernen. Jedes Stück nochmals längs und quer durchschneiden. Melonenstück in die Mitte einer Schinkenscheibe legen und mit Pfeffer bestreuen. Schinkenscheibe über dem Melonenstück zusammenfalten und mit einem Schnittlauchhalm zusammenbinden. Für die Sauce Ruccola und Radieschen waschen, fein hacken und mit Joghurt verrühren, mit Salz und Pfeffer abschmecken. Melonenpäckchen auf den Vorspeisenteller mit Salatblatt setzen. Ruccolasauce dazu reichen.

4 Portionen   1 Portion: 85 kcal   355 kJ   2 g Fett

André´s Sellerie-Apfelsalat

2 Äpfel
5 Stangen Bleichsellerie
40 g Walnüsse
120 g Senfsprossen oder 1 Kästchen Kresse
Saft ½ Zitrone
½ EL Öl
Pfeffer
Salz

Äpfel waschen und fein würfeln. Den Sellerie waschen und in feine Scheiben schneiden, Sprossen waschen, Walnüsse fein hacken. Zitronensaft, Öl, Salz und Pfeffer verrühren und mit den restlichen Zutaten vermischen.

4 Portionen   1 Portion: 117 kcal   493 kJ   7,4 g Fett   ½ BE

André´s Feldsalat mit Orangen

200 g Champignons
200 g Orangenfruchtfleisch
250 g Feldsalat
3 EL Petersilie
2-3 EL Balsamico Essig
½ TL Öl
1 Prise Kräutersalz
1 Prise Pfeffer

Feldsalat gründlich putzen und waschen. Champignons waschen und in dünne Scheiben schneiden. Orangenfruchtfleisch filetieren oder in Stücke schneiden (Saft auffangen). Alles in eine Schüssel geben. Öl , Essig, Kräutersalz, Pfeffer, gehackte Petersilie und Orangensaft verrühren, über den Salat gießen und vermengen.

6 Portionen   1 Portion: 1 kcal   130 kJ   0,8 g Fett   ¼ BE

Beatrix-Claudia´s Möhren-Kohlrabisalat

250 g Möhren
250 g Kohlrabi
1 Apfel
2 El Obstessig
1 El Öl oder 150 g Joghurt natur 1,5% Fett
2 El Orangensaft
Basilikum frisch
Salz, Pfeffer

Möhren schälen und grob raspeln. Kohlrabi schälen und raspeln. Den Apfel waschen und grob raspeln. Basilikum waschen und bis auf einige Blättchen schneiden. Essig, Öl oder Joghurt, Orangensaft, Salz und Pfeffer mischen und über das Gemüse gießen, etwas ziehen lassen und beim Servieren mit Basilikumblättchen garnieren.

4 Portionen 1 Portion: 60 kcal 250 kJ 1,8 g Fett 1/4 BE

Gerhard´s Lauch-Karottensalat

500 g Lauch
500 g Karotten
100 g Joghurt natur 1,5% Fett
100 g Magerquark
Essig
Salz, Pfeffer
Muskat, Streuwürze

Lauch halbieren waschen und in dünne Ringe schneiden. Karotten schälen und klein würfeln. Den Lauch in der Pfanne braten und mit etwas Streuwürze würzen. Karotten mit wenig Wasser bissfest dünsten. Joghurt und Quark verrühren, mit Essig, Salz, Pfeffer abschmecken und mit dem abgekühlten Gemüse mischen.

4 Portionen 1 Portion: 91 kcal 382 kJ 1,1 g Fett 0,1 BE

14

Chicoree-Salat

250 g Chicoree
1 Orange
1 Apfel
150 g Joghurt natur 1,5% Fett
2 TL Zitronensaft
2 EL Orangensaft
½ TL Senf mittelscharf
Pfeffer, Salz

Aus Joghurt, Orangen- und Zitronensaft und den Gewürzen eine Sauce zubereiten. Chicoree putzen, waschen, in schmale Streifen schneiden und in die Marinade geben. Orangen schälen und in Stücke schneiden. Äpfel schälen, vierteln und vom Kerngehäuse befreien. Dann in schmale Scheiben schneiden. Alles vermischen.

4 Portionen   1 Portion: 68 kcal   285 kJ   0,9 g Fett   0,5 BE

Gurkensalat

1 Salatgurke
Essig
1 TL Öl
Salz, Pfeffer
Curry, Paprika
½ TL Dill frisch oder gefroren, gehackt
1 Schächtelchen Kresse

Gurke waschen, in dünne Scheiben hobeln und mit den restlichen Zutaten abschmecken. Vor dem Servieren die Kresse darüber streuen.

4 Portionen   1 Portion: 18 kcal   75 kJ   1 g Fett   0 BE

Karotten-Ananas-Rohkost

400 g Karotten
200 g Ananas geschält
250 g Joghurt natur 1,5% Fett
1 TL Zitronensaft

Joghurt mit Zitronensaft verrühren. Ananas schälen und in Stückchen schneiden. Die Karotten waschen, schälen und auf der Rohkostreibe raspeln. Ananasstückchen, Karottenraspel und Joghurt vermengen. Bis zum Essen abdecken.

4 Portionen   1 Portion: 84 kcal   351 kJ   1 g Fett   3/4 BE

Karotten-Apfel-Rohkost

400 g Karotten
200 g Apfel
250 g Joghurt natur 1,5% Fett
1 TL Zitronensaft

Karotten und Apfel waschen und schälen. Auf der Rohkostreibe raspeln und mit dem Joghurt und dem Zitronensaft mischen. Bis zum Essen abdecken.

4 Portionen   1 Portion: 80 kcal   334 kJ   1,4 g Fett   3/4 BE

Kohlrabi-Radieschen-Vorspeise

> 1 Bund Radieschen
> 1 Kohlrabi (ca. 400g)
> 1 TL Öl
> Salz, Pfeffer
> Essig
> 1 EL Schnittlauch oder Salatkräuter

Das Grün der Radieschen abschneiden, waschen und in Scheiben schneiden. Radieschenscheiben in einer Schüssel mit dem Öl vermischen. Kohlrabi schälen, grob raspeln und zu den Radieschen geben. Alles mit Salz, Pfeffer, Essig und Kräutern abschmecken. Bis zum Essen abdecken.

4 Portionen   1 Portion: 40 kcal   167 kJ   0,9 g Fett   0 BE

Lauchsalat mit Bananen-Curry-Sauce

> 750 g Lauch
> Saft von 1 Zitrone
> 1 große Banane
> 1 TL Currypulver
> Salz, Pfeffer
> 1 TL Öl
> 1 TL Sesam

Lauch putzen, der Länge nach halbieren, waschen und in feine Streifen schneiden. In einer Pfanne kurz anbraten, und ca. 5 Minuten dünsten. Salzen und pfeffern. Den Lauch in Schüsselchen geben. Zitronensaft, Banane, Currypulver, Salz, Pfeffer und Öl in einer Schüssel mit dem Mixstab pürieren. Die Bananensauce über den Lauch geben und mit Sesam garnieren.

4 Portionen   1 Portion: 79 kcal   331 kJ   1,5 g Fett   0,5 BE

Rotkohl-Cocos-Salat

600 g Rotkohl frisch
2 EL Essig
Salz, Pfeffer
1 TL Öl
1 EL Kokosflocken

Rotkohl waschen, welke Blätter entfernen, vierteln und
Strunk abschneiden. In einer Schüssel die Marinade aus
Salz, Pfeffer, Öl verrühren. Rotkohl in feine Streifen
schneiden. Wenig Wasser und den Essig in einem Topf
erhitzen, den Rotkohl dazu geben, 5 Minuten kochen lassen
und dabei 2 mal umrühren. Den Rotkohl sofort in die
Marinade geben und etwas abkühlen lassen. Eventuell noch
etwas nachwürzen. Vor dem Servieren die Cocosflocken
unter den Rotkohlsalat mischen.

4 Portionen   1 Portion: 50 kcal   209 kJ   2,7 g Fett   0 BE

Rotkohl-Salat

600 g Rotkohl frisch
2 EL Essig
1 TL Senf mittelscharf
Salz, Pfeffer
1 TL Öl
50 g Schafskäse, 1 EL Kapern

Rotkohl waschen, welke Blätter entfernen, vierteln, Strunk
abschneiden und in feine Streifen schneiden. In einer
Schüssel die Marinade aus Senf, Salz, Pfeffer und Öl
verrühren. Wenig Wasser und Essig in einem Topf erhitzen,
den Rotkohl dazu geben, 5 Minuten kochen lassen und dabei
2 mal umrühren. Den Rotkohl sofort in die Marinade geben
und etwas abkühlen lassen. Eventuell noch etwas
nachwürzen. Schafskäse in kleine Würfel schneiden und mit
den Kapern unter den Rotkohlsalat mischen.

4 Portionen   1 Portion: 62 kcal   259 kJ   3 g Fett   0 BE

Sauerkraut-Karotten-Salat

400 g rohes Sauerkraut
400 g Karotten
1 EL gehackte Haselnusskerne
150g Joghurt natur 1,5%
Salz, Pfeffer

Sauerkraut grob zerschneiden und auflockern. Karotten schälen und fein raspeln. Mit den restlichen Zutaten vermischen und mit Salz und Pfeffer abschmecken.

4 Portionen   1 Portion: 75 kcal   314 kJ   2,5 g Fett   0 BE

Waldorf-Salat

1 Sellerieknolle
2 Äpfel
250 g Joghurt natur 1,5%
Salz, Pfeffer weiß
Saft ½ Zitrone
25 g Walnüsse gehackt

Marinade aus Joghurt, Salz, Pfeffer und Zitronensaft herstellen. Sellerie waschen, schälen und raspeln. Sofort mit der Marinade vermischen. Äpfel waschen, vierteln, entkernen und ebenfalls raspeln. Alle Zutaten vermischen.

4 Portionen 1 Portion: 109 kcal   456 kJ   5,4 g Fett 3/4 BE

Weißkraut-Salat

600 g Weißkraut frisch
Essig weiß
Salz, Pfeffer
Kümmel ganz oder gemahlen
1 TL Sonnenblumenöl

Weißkraut waschen, welke Blätter entfernen, vierteln und
Strunk abschneiden. Kraut in feine Streifen hobeln. Alle
Zutaten in einer Schüssel mischen und mit den Händen das
Kraut kräftig kneten. Eventuell noch eine Möhre in feinen
Streifen dazu geben.

4 Portionen   1 Portion: 41 kcal   172 kJ   1 g Fett   0 BE

Zaziki

300 g Salatgurke
200 g Joghurt natur 1,5% Fett
Salz
Curry
1 Knoblauchzehe gehackt

Joghurt mit Salz, Curry und Knoblauch abschmecken. Gurke
fein raspeln und mit Joghurt vermischen.

4 Portionen   1 Portion: 32 kcal   134 kJ   0,9 g Fett   1/4 BE

Senf-Dressing für Blattsalate

>3 EL Joghurt natur 1,5% Fett
>3 EL Buttermilch
>1 EL Essig
>1 EL Senf mittelscharf
>½ TL Meerrettich
>Salz, Pfeffer

Joghurt, Buttermilch, Essig, Senf und Meerrettich in einer Schüssel mischen, mit Salz und Pfeffer abschmecken.

4 Portionen   1 Portion:18 kcal   75 kJ   0,5 g Fett   0 BE

Cocktail-Dressing für Blattsalate

>50 g Joghurt natur 1,5%
>1 EL Tomatenketchup (15 g)
>1 EL Orangensaft
>1 EL Zitronensaft
>1 TL Meerrettich
>Salz, Pfeffer

Joghurt mit Tomatenketchup, Orangensaft, Zitronensaft, Meerrettich in einer Schüssel verrühren und mit Salz und Pfeffer abschmecken.

4 Portionen   1 Portion: 11 kcal   46 kJ   0,2 g Fett   0 BE

China–Dip für Gemüsesticks

250 g Quark mager
75 ml Milch 1,5% Fett
1 TL Curry, Salz, Pfeffer
ca. 2 TL Senf mittelscharf

Quark, Milch, Curry, Senf verrühren und mit Salz und Pfeffer abschmecken.

4 Portionen   1 Portion: 60 kcal   251 kJ   0,6 g Fett   0 BE

Kräuter–Dip für Gemüsesticks

250 g Quark mager
150 g Joghurt natur 1,5% Fett
3 EL gemischte Kräuter frisch oder gefroren
Salz, Pfeffer

Quark mit Joghurt verrühren. Kräuter waschen, klein hacken und unter den Quark mischen. Mit Salz und Pfeffer abschmecken.

4 Portionen   1 Portion: 64 kcal   268 kJ   0,7 g Fett   0 BE

Gemüsesticks für Dips

250 g Karotten
1 Gurke
1 roten Paprika
1 Kohlrabi
10 Cocktailtomaten

Karotten, Gurken und Kohlrabi schälen, waschen und in Sticks schneiden. Tomaten waschen. Paprika waschen, Strunk entfernen und in Sticks schneiden. Gemüse in Schälchen anrichten. Sehr beliebt, wenn Gäste kommen, anstelle von Knabbereien oder als Alternative zu Süßigkeiten beim Kindergeburtstag.

4 Portionen   1 Portion: 27 kcal   113 kJ   0,3 g Fett   0 BE

Bananen–Lauch–Quark

  400 g Joghurt natur 1,5% Fett
  200 g Magerquark
  2 El Zitronensaft
  100 ml Milch 1,5% Fett
  400 g Lauch
  Salz, Pfeffer
  1 Banane

Lauch waschen, putzen und in feine Streifen schneiden, in einer beschichteten Pfanne ohne Fett andünsten, abkühlen lassen. Quark mit Joghurt, Milch und Zitrone abrühren, würzen und den abgekühlten Lauch darunter rühren. Zum Schluss die klein geschnittenen Bananenstückchen dazugeben.

4 Portionen   1 Portion: 147 kcal   615 kJ   2,6 g Fett   1 BE

Champignon-Quark

  150 g Champignons frisch
  125 g Magerquark
  350 g Joghurt natur 1,5% Fett
  1 TL Meerrettich
  Salz, Pfeffer
  1 EL Zitronensaft
  ½ Kästchen Kresse

Champignons waschen und in feine Scheibchen schneiden. Quark mit Joghurt verrühren und würzen, die rohen Champignons und die gewaschene Kresse untermischen.

4 Portionen   1 Portion: 71 kcal   297 kJ   1,5 g Fett   1/4 BE

Krabben-Quark

200 g Magerquark
1 Salatgurke
100 g Krabben in Lake
1-2 TL Meerrettich
Salz, Pfeffer

Salatgurke waschen, schälen, halbieren und in Scheibchen
schneiden. Krabben abgießen, zusammen mit der Gurke
unter den Quark rühren und mit Salz, Pfeffer und
Meerrettich abschmecken.

4 Portionen   1 Portion: 73 kcal   305 kJ   0,7 g Fett   0 BE

Lauch-Quark

400 g Joghurt natur 1,5% Fett
200 g Magerquark
2 EL Zitronensaft
100 ml Milch 1,5% Fett
400 g Lauch
Salz, Pfeffer

Lauch waschen, putzen und in feine Streifen schneiden, in
einer beschichteten Pfanne ohne Fett andünsten, abkühlen
lassen. Quark mit Joghurt, Milch und Zitrone abrühren, mit
Salz und Pfeffer abschmecken.
Den abgekühlten Lauch unterrühren.

4 Portionen 1 Portion: 123 kcal   512 kJ   2,6 g Fett 1/2 BE

Linsen-Quark

120 g getrocknete rote Linsen
350 ml Wasser
200 g Magerquark
200 g Joghurt natur 1,5% Fett
2 EL Zitronensaft
Salz
Curry
1 TL Meerrettich

Linsen mit dem Wasser in einem Topf zum Kochen bringen, zudecken und 15 Min. bei kleiner Stufe kochen lassen. Linsen in einer Schüssel erkalten lassen. Quark mit Joghurt, Zitronensaft und Meerrettich verrühren. Mit Salz und Curry abschmecken. Die kalten Linsen mit der Quark-Joghurt-Masse vermischen.

4 Portionen 1 Portion: 150 kcal   628 kJ   1,4 g Fett 1,5 BE

Zucchini-Quark

200 g Magerquark
300 g Joghurt natur 1,5% Fett
200 g Zucchini
1 EL Zitronensaft
Salz
30 g gemahlene Nüsse

Zucchini waschen, putzen und in feine Scheiben schneiden. Quark mit Joghurt und Zitronensaft verrühren, mit Salz abschmecken, Zucchini und Nüsse untermischen.

4 Portionen   1 Portion: 130 kcal   544 kJ   6 g Fett   1/4 BE

Paprika–Hüttenkäse

400 g Hüttenkäse körnig
300 g Joghurt natur 1,5% Fett
600 g Paprika rot oder gelb
Salz, Pfeffer

Hüttenkäse mit Joghurt verrühren. Paprika waschen, putzen und fein würfeln, unter den Hüttenkäse mischen, salzen und pfeffern.

4 Portionen   1 Portion: 192 kcal   803 kJ   6 g Fett   1/4 BE

Paprika-Hüttenkäse mit Apfel

2 Paprika rot ca. 400 g
1 Apfel ca. 150 g
Salz, Pfeffer
1 EL Zitronensaft
1 EL Schnittlauch
100 g Hüttenkäse körnig

Paprika und Apfel in kleine Würfel schneiden, mit Zitronensaft vermischen und mit Salz und Pfeffer abschmecken. Hüttenkäse untermischen. Mit Schnittlauch garnieren.

4 Portionen   1 Portion: 77 kcal   322 kJ   1 g Fett   1/4 BE

Radieschen-Dickmilch

400 g Dickmilch 3,5% Fett
400 g Radieschen
Salz
½ Kästchen Kresse

Radieschen waschen und in feine Scheibchen schneiden, mit Dickmilch vermischen, salzen und die Kresse unterheben.

4 Portionen   1 Portion: 62 kcal   259 kJ   6 g Fett   0,4 BE

Blumenkohlcremesuppe

400 g Blumenkohl frisch oder gefroren
1 Liter Wasser
Suppenwürze
150 g Joghurt natur cremig gerührt 1,5 % Fett

Blumenkohl putzen und waschen. Wasser und Suppenwürze zum Kochen bringen, Blumenkohlröschen dazu und ca. 15 Minuten kochen lassen. Vom Herd stellen. Einige Röschen für die Einlage herausnehmen. Restliche Suppe mit dem Pürierstab mixen, den Joghurt dazugeben und noch mal mixen. Nicht mehr kochen. Die herausgenommen Röschen wieder in die Suppe geben und servieren.

4 Portionen   1 Portion: 50 kcal   209 kJ   1 g Fett   0 BE

Broccolicremesuppe

400 g Broccoli
1 kleine Zwiebel
600 ml Wasser
Suppenwürze
100 g Joghurt natur cremig gerührt 1,5% Fett

Zwiebel schälen, in kleine Würfel schneiden und mit 1 EL Wasser im Topf leicht bräunen. Wasser und Suppenwürze dazugeben. Broccoli waschen, in Stücke teilen und in die kochende Brühe geben. Ca. 10 Minuten leicht kochen lassen. Topf vom Herd nehmen und mit dem Pürierstab mixen. Joghurt dazu geben und noch mal mixen. Sofort servieren.

4 Portionen   1 Portion: 46 kcal   192 kJ   1 g Fett   0 BE

Chinesische Glasnudelsuppe

1 Liter Wasser
Suppenwürze
Chinagewürzmischung
200 g Karotten
1 Stange Lauch
Mungobohnenkeime frisch oder aus dem Glas
25 g Glasnudeln

Glasnudeln in kaltem Wasser 15 Minuten einweichen.
Karotten schälen und raspeln. Lauch waschen und in feine
Streifen schneiden. Karotten und Lauch in einem Topf unter
Rühren kurz anbraten, mit Wasser auffüllen und mit
Suppenwürze und Chinagewürz abschmecken. Ca. 5
Minuten kochen lassen. Glasnudeln (eventuell mit Schere
klein schneiden) und Mungobohnenkeime in die Suppe
geben und nochmals aufkochen lassen.

4 Portionen 1 Portion: 113 kcal 473 kJ 1,5 g Fett 1/4 BE

Eva´s Tomatensuppe

1 Liter Wasser, Suppenwürze
60 g Suppennudeln roh
1 TL Tomatenmark
½ TL Italienische Kräuter oder Pizzagewürz
Saft von einer ½ Zitrone
250 g Fleischtomaten
2 EL Schnittlauch, Pfeffer

Fleischtomaten vierteln, entkernen und in kleine Würfel
schneiden. Wasser mit Suppenwürze zum Kochen bringen,
die Suppennudeln oder Buchstabennudeln einstreuen und
5-7 Minuten kochen lassen. Nun das Tomatenmark, die
Kräuter und die Tomatenwürfel dazugeben. Aufkochen
lassen. Mit Zitronensaft und Pfeffer fertig abschmecken.
Schnittlauch einstreuen.

4 Portionen   1 Portion: 76 kcal 317 kJ 0,8 g Fett 1 BE

Indische Zucchinicremesuppe

500 g Zucchini
750 ml Wasser
Suppenwürze
Currypulver
100 g Joghurt natur cremig gerührt 1,5% Fett
100 g Apfel

Wasser und Suppenwürze zum Kochen bringen. Zucchini waschen und putzen, grob würfeln, in die kochende Brühe geben und ca. 5 Minuten kochen lassen. Mit dem Passierstab fein mixen. Curry und den in kleine Würfel geschnittenen Apfel dazu geben. 1x aufkochen lassen. Topf vom Herd nehmen und den Joghurt kurz vor dem Servieren einrühren.

4 Portionen   1 Portion: 50 kcal   209 kJ   1 g Fett   1/4 BE

Karotten-Paprika-Cremesuppe

70 g Zwiebeln
¾ rote Paprika
250 g Karotten
1 Liter Wasser, Suppenwürze
150 g Joghurt natur cremig gerührt 1,5% Fett
2 EL Schnittlauch

Zwiebeln schälen und in kleine Würfel schneiden. Karotten waschen, schälen und in Scheiben schneiden. Zwiebeln mit 1 TL Wasser im Topf anbraten. Karotten dazu und mit Wasser auffüllen. Kochen lassen, bis die Karotten weich sind. Paprika waschen, Strunk und Kerne entfernen und in kleine Würfel schneiden. Schnittlauch schneiden. Paprika zu den weichen Karotten geben und noch ca. 3 Minuten kochen lassen. Suppenwürze dazu und alles fein mixen. Abschmecken. Topf vom Herd stellen. Joghurt dazu geben und nochmals mixen. Mit Schnittlauch garnieren.

4 Portionen   1 Portion: 84 kcal   351 kJ   1,8 g Fett 0 BE

Kohlrabicremesuppe

500 g Kohlrabi
1 Zwiebel (ca. 60g)
1 Liter Wasser
Suppenwürze
1 Prise Muskat, Pfeffer
150 g Joghurt natur cremig gerührt 1,5% Fett
1 Schächtelchen Kresse

Zwiebel schälen und in Würfelchen schneiden. Kohlrabi waschen, schälen und in größere Stückchen schneiden. Die Zwiebel mit 1 TL Wasser in einem Topf hellbraun anbraten. Kohlrabistückchen zugeben und mit dem Wasser aufgießen. Mit Suppenwürze, Muskat und Pfeffer abschmecken und alles zusammen weich kochen lassen. Die Kresse waschen und abschneiden. Die Suppe von der Kochstelle nehmen, den Joghurt und die Kresse dazugeben. Einige Blättchen zum Dekorieren zurücklassen. Alles zusammen fein mixen. Vor dem Servieren mit der restlichen Kresse bestreuen.

4 Portionen   1 Portion: 59 kcal   247 kJ   1 g Fett   0 BE

Kürbiscremesuppe

¼ Akaidokürbis
750 ml Wasser
75 g Joghurt natur cremig gerührt 1,5% Fett
Suppenwürze
2 EL Schnittlauch

Kerne im Kürbis entfernen. Kürbisfleisch in Stücke schneiden. Wasser aufkochen, Kürbisstücke dazu und weich kochen. Suppenwürze einstreuen und die Suppe mit dem Passierstab fein mixen. Kurz vor dem Servieren den Joghurt zugeben und nochmals kurz mixen. Nicht mehr kochen lassen. Schnittlauch schneiden und darüber streuen.

4 Portionen   1 Portion: 51 kcal   213 kJ   1,2 g Fett   0 BE

Haupt-
GERICHTE

Broccoli-Gemüse

1 kg ungeputzten Broccoli
oder 800g gefrorenen Broccoli
1 Prise Muskatnuss gemahlen
Salz oder Streuwürze

Broccoli waschen und in Röschen teilen. Dicken Stängel
schälen und in Scheiben schneiden. Ca. 125 ml Wasser und
Muskatnuss in einem Topf zum Kochen bringen,
Broccoliröschen und Stängelscheiben dazu geben,
zurückschalten, Deckel auf den Topf legen und ca. 10-15
Minuten leicht kochen lassen. Eventuell salzen oder mit
Streuwürze abschmecken.

4 Portionen   1 Portion: 46 kcal   192 kJ   0,4 g Fett   0 BE

Kohlrabi-Gemüse

800 g Kohlrabi
Salz, Pfeffer
Suppenwürze
Kohlrabiblätter oder 1 EL Petersilie

Kohlrabi waschen, schälen und in feine Scheiben oder Stifte
schneiden. Ca. 125 ml Wasser in einem Topf zum Kochen
bringen, Kohlrabiteilchen dazu geben, Deckel auf den Topf
legen und ca. 10–15 Minuten kochen lassen. Mit Salz,
Pfeffer und Streuwürze abschmecken und mit fein
geschnittenen Kohlrabiblättern oder Petersilie vermischen.

4 Portionen   1 Portion: 36 kcal   151 kJ   0,2 g Fett   0 BE

Rosenkohl-Gemüse

1 kg frischen oder gefrorenen Rosenkohl
125 ml Wasser
1 Prise Muskatnuss
Salz, Pfeffer

Vom Rosenkohl welke Blätter entfernen und Strunk kreuzweise ca. 1 cm tief einschneiden. Wasser und Muskatnuss in einem Topf zum Kochen bringen, Rosenkohl hinein geben, Deckel auf den Topf legen und ca. 20 Minuten bei reduzierter Hitze kochen lassen. Mit Salz und Pfeffer abschmecken.

4 Portionen   1 Portion: 37 kcal   155 kJ   0,4 g Fett   0 BE

Gegrillte Tomaten

500g Tomaten (ca. 4 Stück)
Salz, Pfeffer
1 TL Pizzakräuter (Oregano, Rosmarin, Thymian, Salbei)

Tomaten waschen, grünen Strunk entfernen und halbieren. Strunkloch schaut beim Halbieren wie Raketenantrieb nach hinten. Halbe Tomaten mit der Schnittfläche nach oben in eine Auflaufform setzen, salzen, pfeffern und mit Pizzakräutern bestreuen. Im Backofen ca. 20 Minuten bei 200 Grad oder 160 Grad Umluft backen. Passt gut zu Grünen Nudeln mit Frischkäse oder Käsespätzle.

4 Portionen   1 Portion: 22 kcal   92 kJ   0,3 g Fett   0 BE

China-Gemüse

    60 g Zwiebel
    200 g Weißkraut
    80 g Zucchini
    150 g Paprika
    150 g Karotten
    150 g Stangensellerie
    250 g Champignons
    150 g Chinakohl
    7 EL Sojasoße
    Salz
    Curry, Paprika edelsüss oder Chinagewürzmischung
    1 Prise Kreuzkümmel gemahlen

Alle Gemüse waschen. Zwiebel achteln. Zwiebelstückchen mit der Hand in einzelne Teile zerlegen, Kraut vierteln, Strunk entfernen und in Streifen schneiden. Zucchini in Scheiben schneiden. Paprika vierteln, entkernen und in Streifen schneiden, Karotten schälen und in feine Scheiben schneiden, Stangensellerie in Scheiben schneiden. Champignons vierteln. Chinakohl in 1 cm dicke Streifen schneiden. Alles zusammen (außer Chinakohl) in einer großen Pfanne oder im Wok ohne Fett anbraten, dann die Sojasoße dazu geben und ca. 15 Minuten mit Deckel köcheln lassen. Das Gemüse ab und zu umrühren. Den Chinakohl dazu geben und nochmals 5 Minuten kochen lassen. Mit Salz, Curry, Paprika oder Chinagewürzmischung das Gemüse abschmecken. Als Beilage eignet sich sehr gut Reis.

4 Portionen   1 Portion: 69 kcal 289 kJ 0,9 g Fett 0 BE

Grünes Sprossengemüse

1 Dose Bambusstreifen (ca. 250 g)
1 Glas Sprossen (ca. 200 g)
500 g Brokkoli frisch oder gefroren
200 g Zwiebeln
½ TL Rapsöl
ca. 7 EL Sojasoße
Salz, Pfeffer
1 Prise Kreuzkümmel gemahlen

Brokkoli waschen, in Röschen teilen, den dicken Stiel schälen und in Scheibchen schneiden. Zwiebeln schälen, halbieren, nochmals vierteln und mit den Fingern in einzelne Teilchen zerlegen. Bambusstreifen in ein Sieb abgießen. Zwiebelstückchen mit ½ TL Öl in einer großen Pfanne oder im Wok anbraten, Broccoli in die Pfanne geben, die Flüssigkeit aus dem Sprossenglas und die Sojasoße dazu gießen. Deckel auf die Pfanne legen und das Gemüse ca. 15 Minuten kochen lassen. Nun den Bambus und die Sprossen dazu geben und noch mal aufkochen. Mit Salz, Pfeffer und Kreuzkümmel abschmecken. Dieses Gemüse schmeckt gut zu Reis.

4 Portionen   1 Portion: 70 kcal   293 kJ   1 g Fett   0 BE

Reis aus dem Backofen

200 g Reis
450 ml Wasser
2 Prisen Salz

Wasser und Salz in einem hitzebeständigen Topf aufkochen, Reis dazugeben, aufkochen lassen, Deckel darauf und in den Backofen stellen. Bei 200 Grad oder 160 Grad Umluft den Reis ca. 20 Minuten ausquellen lassen. Falls noch Flüssigkeit im Topf ist, noch mal 10 Minuten im Ofen nachdämpfen lassen.

4 Portionen   1 Portion: 174 kcal   728 kJ   0,3 g Fett

Süßsaures Chinagemüse

250 g Lauch
150 g Paprika
400 g Rettich
250 g Champignons
350g Chinakohl
1 Dose Ananasstückchen (580ml) ungezuckert
1 EL Essig
7 EL Sojasoße
Salz
Curry, Paprika oder Chinagewürzmischung

Gemüse waschen. Lauch der Länge nach halbieren, waschen und in dünne Streifen schneiden. Paprika vierteln, entkernen und in Würfel schneiden. Rettich schälen, der Länge nach vierteln und in dünne Scheiben schneiden. Champignons vierteln und Chinakohl in 1 cm dicke Streifen schneiden. Alles zusammen (außer Chinakohl) in einer großen Pfanne oder im Wok ohne Fett anbraten, dann die Sojasoße und den Ananassaft dazu geben und ca. 15 Minuten mit Deckel kochen lassen. Das Gemüse ab und zu umrühren. Den Chinakohl und die Ananasstücke dazu geben und nochmals 5 Minuten kochen lassen. Mit Salz, Curry, Paprika und 1 EL Essig das Gemüse chinesisch abschmecken. Als Beilage eignet sich sehr gut Reis.

4 Portionen   1 Portion: 185 kcal   774 kJ   1 g Fett   1 BE

Süßsaures Chinagemüse mit Sprossen

200 g Lauch
150 g Paprika
350 g Karotten
250 g Champignon
250 g Sprossen
150 g Zucchini
75 g Zwiebel
1 Dose Ananasstückchen (580ml) ungezuckert
1 EL Essig
7 EL Sojasoße
Salz
Curry, Paprika oder Chinagewürzmischung

Gemüse waschen. Lauch der Länge nach halbieren, waschen und in dünne Streifen schneiden. Paprika vierteln, entkernen und würfeln. Karotten schälen und in dünne Scheiben schneiden. Champignons vierteln, Zucchini in Scheiben schneiden. Zwiebeln schälen, achteln. Die Zwiebelstückchen mit den Fingern in einzelne Teilchen zerlegen. Alles zusammen (außer Sprossen) in einer großen Pfanne oder im Wok ohne Fett anbraten, dann die Sojasoße und den Ananassaft dazu geben und ca. 20 Minuten mit Deckel kochen lassen. Das Gemüse ab und zu umrühren. Die Sprossen und die Ananas dazu geben und nochmals auf 5 Minuten kochen lassen. Das Gemüse mit Salz, Curry, Paprika und 1 EL Essig abschmecken. Als Beilage eignet sich sehr gut Reis.

4 Portionen   1 Portion: 214 kcal   895 kJ   1,3 g Fett   1 BE

Edel-Brot

5 Scheiben grobes Vollkornbrot (je 60 g)
5 Scheiben Putenschinken (Putenbrust) ca. 100 g
10 Stangen Spargel frisch gegart oder aus dem Glas
1 Orange
100 g Schnittkäse mager 30% Fett i. Tr. in Scheiben

Vollkornbrot auf Backblech legen, mit Schinken und je 2
Stangen Spargel belegen. Die geschälten Orangen
halbieren, in Scheiben schneiden und auf den Spargel legen.
Mit Käse abdecken. 10 Minuten bei 200 Grad oder Umluft
160 Grad backen.

5 Scheiben   1 Scheibe: 217 kcal   910 kJ   5,3 g Fett   2 BE

Saftiges Lauch-Brot

5 Scheiben grobes Vollkornbrot (je 60g)
350 g Lauch
2 kleine Eier
75 g Magerquark
1 ½ TL scharfer Senf
Salz
Pfeffer
1 Prise Muskatnuss

Vollkornbrote auf ein Blech legen. Lauch der Länge nach
halbieren, waschen und in feine Streifen schneiden. In einer
beschichteten Pfanne ohne Fett braten. Quark mit Senf,
Salz, Pfeffer und Muskat kräftig abschmecken und dann die
Eier unterrühren. Backofen vorheizen. Den abgekühlten
Lauch mit der Quarkmasse mischen und auf die
Vollkornbrote streichen. Sofort 12 Minuten bei 200 Grad
oder Umluft 160 Grad backen.

5 Scheiben   1 Scheibe: 148 kcal   619 kJ   2,7 g Fett   2 BE

Ofenkartoffeln

1 kg Kartoffeln

Kartoffeln waschen und sauber bürsten, längs halbieren. Backblech mit Backpapier auslegen, Kartoffeln mit der Schnittfläche nach unten drauflegen. Bei 200 Grad ca. 40 Minuten backen. Umluft 160 Grad. Die Kartoffeln ohne Schale essen.

Dazu schmeckt sehr gut: Bananen-Lauch-Quark, Champignonquark, Krabbenquark, Lauchquark, Linsenquark, Zucchiniquark, Radieschendickmilch, Paprika-Hüttenkäse oder Bismarckhering Hausfrauen Art.

4 Portionen   1 Portion: 175 kcal 314 kJ   0 g Fett   3 BE

Bismarckhering Hausfrauen Art

400 g Joghurt natur 1,5% Fett
200 g Bismarckhering
200 g Apfel
100 g Zwiebel
100 g Essiggurke
Salz

Bismarckhering in kleine Stücke schneiden. Apfel schälen, achteln und in feine Scheiben schneiden. Zwiebel schälen, vierteln und fein schneiden. Essiggurken in feine Scheibchen schneiden. Alle Zutaten mit dem Joghurt verrühren und mit Salz abschmecken.

4 Portionen   1 Portion: 172 kcal   720 kJ   7,6 g Fett   1 BE

Salami-Pizza

1 Hefe frisch
125 ml (1/8 l) warmes Wasser
250 g Mehl Type 1050
3 Prisen Salz
2 EL Oliven- oder Rapsöl

5 g Margarine zum Fetten
2 EL Tomatenmark
Pizzakräuter (Salbei, Oregano, Rosmarin, Thymian)
400 g Tomaten
100 g Paprika
100 g Zucchini
100 g Salami in dünnen Scheiben
50g Oliven
125 g Schnittkäse mager (30 % Fett i.Tr.)

Hefe in eine Schüssel bröckeln und mit warmem Wasser
verrühren. Mehl, Salz und Öl dazugeben und alles mit dem
Handrührgerät (Knethaken) zu einem glatten Teig
verkneten. Zugedeckt 15 Minuten stehen lassen.

Tomaten waschen, Strunk entfernen und in Scheiben
schneiden. Paprika waschen, vierteln, entkernen und in
Streifen schneiden. Zucchini waschen und in dünne
Scheiben schneiden. Blech fetten. Pizzateig auf dem Blech
ausrollen und 10 Minuten stehen lassen. Käse fein reiben.
Backofen vorheizen. Den Teig nun mit Tomatenmark
bestreichen, mit Pizzakräutern bestreuen, darauf die Salami
verteilen, Tomaten darauf legen, darüber Paprika, Zucchini
und Oliven verteilen und zum Schluss geriebenen Käse
darüber streuen.
30–40 Minuten bei 200 Grad oder Umluft 160 Grad backen.

6 Portionen 1 Portion: 330 kcal 1380 kJ 13,5 g Fett 2¾BE

Schinken-Pizza

1 Hefe frisch
125 ml (1/8 l) warmes Wasser
250 g Mehl Type 1050
3 Prisen Salz
2 EL Oliven- oder Rapsöl

5 g Margarine zum Fetten
2 EL Tomatenmark
Pizzakräuter (Salbei, Oregano, Rosmarin, Thymian)
400 g Tomaten
150 g Paprika
100 g Zwiebel
125 g Schinken mager
100 g Schnittkäse mager (30 % Fett i.Tr.)

Hefe in eine Schüssel bröckeln und mit warmem Wasser verrühren. Mehl, Salz und Öl dazugeben und alles mit dem Handrührgerät (Knethaken) zu einem glatten Teig verkneten. Zugedeckt 15 Minuten stehen lassen.

Tomaten waschen, Strunk entfernen und in Scheiben schneiden. Paprika waschen, vierteln, entkernen und in Streifen schneiden. Zwiebel schälen, halbieren und in feine Ringe schneiden. Schinken in Streifen schneiden. Blech fetten. Pizzateig auf dem Blech ausrollen und 10 Minuten stehen lassen. Käse fein reiben. Backofen vorheizen. Den Teig nun mit Tomatenmark bestreichen, mit Pizzakräutern bestreuen, darauf den Schinken verteilen, Tomaten darauf legen, darüber Paprika und Zwiebeln verteilen und zum Schluss geriebenen Käse darüber streuen. 30–40 Minuten bei 200 Grad oder Umluft 160 Grad backen.

6 Portionen 1 Portion: 295 kcal   1234 kJ   8 g Fett   2¾ BE

Thunfisch-Pizza

1 Hefe frisch
125 ml (1/8 l) warmes Wasser
250 g Mehl Type 1050
3 Prisen Salz
2 EL Oliven- oder Rapsöl

5 g Margarine zum Fetten
2 EL Tomatenmark
Pizzakräuter
400 g Tomaten
1 Dose Thunfisch (in Wasser)
2 EL Kapern
100 g Zwiebel
100 g Schnittkäse mager (30 % F.i.Tr.)

Hefe in eine Schüssel bröckeln und mit warmem Wasser verrühren. Mehl, Salz und Öl dazugeben und alles mit dem Handrührgerät (Knethaken) zu einem glatten Teig verkneten. Zugedeckt 15 Minuten stehen lassen.

Tomaten waschen, Strunk entfernen und in Scheiben schneiden. Zwiebel schälen, halbieren und in feine Ringe schneiden. Thunfisch in einem Sieb abtropfen lassen. Blech fetten. Pizzateig auf dem Blech ausrollen und 10 Minuten stehen lassen. Käse fein reiben. Backofen vorheizen. Den Teig nun mit Tomatenmark bestreichen, mit Pizzakräutern bestreuen, darauf den Thunfisch verteilen, Tomaten darauf legen, darüber Kapern und Zwiebeln verteilen und zum Schluss geriebenen Käse darüber streuen.
30–40 Minuten bei 200 Grad (Umluft 160 Grad) backen.

6 Portionen 1 Portion: 304 kcal 1272 kJ 1 g Fett 2¾ BE

Vegetarische Pizza

1 Hefe frisch
125 ml (1/8 l) warmes Wasser
250 g Mehl Type 1050
3 Prisen Salz
2 EL Oliven- oder Rapsöl

5 g Margarine zum Fetten
2 EL Tomatenmark
Pizzakräuter
400 g Tomaten
125 g frische Champignons
150 g Paprika
100 g Zwiebel
100 g Schnittkäse mager (30 % Fett i. Tr.)

Hefe in eine Schüssel bröckeln und mit warmem Wasser
verrühren. Mehl, Salz und Öl dazugeben und alles mit dem
Handrührgerät (Knethaken) zu einem glatten Teig
verkneten. Zugedeckt 15 Minuten stehen lassen.

Tomaten waschen, Strunk entfernen und in Scheiben
schneiden. Zwiebeln schälen, halbieren und in feine Ringe
schneiden. Champignons waschen und in Scheiben
schneiden. Paprika waschen, vierteln, entkernen und in
Streifen schneiden. Blech fetten. Pizzateig auf dem Blech
ausrollen und 10 Minuten stehen lassen. Käse fein reiben.
Backofen vorheizen. Den Teig nun mit Tomatenmark
bestreichen, mit Pizzakräutern bestreuen, darauf Tomaten
legen, darüber Champignonscheiben, Paprikastreifen und
Zwiebeln verteilen. Zum Schluss geriebenen Käse darüber
streuen.
30–40 Minuten bei 200 Grad oder Umluft 160 Grad backen.

6 Portionen 1 Portion: 253 kcal   1058 kJ 5,7 g Fett 2¾ BE

Dinkel-Spinat-Spätzle mit Käse

250 g Dinkelmehl Type 1050
3 Eier
250 g Spinat gehackt gefroren
4 Prisen Salz
1 Prise Muskatnuss
10 g Margarine zum Fetten
150 g Schnittkäse mager 30% Fett i. Tr.

Spinat auftauen lassen. Käse fein reiben. Auflaufform fetten. Eier und Spinat mit dem Passierstab sehr fein mixen. Mehl, Eierspinat, Salz und Muskatnuss mit dem Handrührgerät (Knethacken) zu einem glatten Teig verrühren. 15 Minuten den Teig ruhen lassen. Großen Topf mit 3 - 4 Liter Wasser zum Kochen bringen. Teig nach und nach in das kochende Salzwasser hobeln. Spätzle umrühren und dabei ca. 5 Minuten leicht kochen lassen. Die Spätzle in ein Sieb gießen und kurz mit kaltem Wasser abbrausen, abtropfen lassen. Auflaufform fetten. Abwechselnd mit 1/3 Spätzle und 1/3 Käse befüllen, mit Käse enden. Im Backofen bei 180 Grad oder 150 Grad Umluft ca. 20 Minuten backen. Am Besten schmeckt eine große Schüssel Blattsalat dazu.

4 Portionen   1 Portion: 392 kcal 1640 kJ 13,5 g Fett 4 BE

Gemüse–Muffins

75 g Margarine
50 g Joghurt natur 1,5% Fett
3 Eier
½ EL Grieß
125 g Mehl Type 1050
1 TL Backpulver
125 g Käse mager (30% Fett i. Tr.)
100 g Karotten
100 g Paprika
100 g feine Erbsen gefroren
½ TL Salz
Pfeffer, Paprikapulver
1 EL Petersilie
15 g Margarine zum Ausfetten

Erbsen auftauen lassen. Käse reiben. Karotten schälen und raspeln. Paprika waschen, vierteln, entkernen und in kleine Würfel schneiden. Petersilie fein hacken. Margarine und Eier mit einem Handrührgerät schaumig rühren. Joghurt, Grieß, Mehl, Backpulver, Salz, Pfeffer, Paprikapulver und die gehackte Petersilie dazu geben und gut verrühren. Nun Karottenraspeln, Paprikawürfel und die Erbsen unterrühren. 12er Muffinform fetten. Die Masse mit einem Esslöffel in die Form füllen. Bei 200 Grad oder 160 Grad Umluft ca. 30 Minuten backen. Können warm oder kalt gegessen werden. Am Besten einen große Portion Blattsalat dazu servieren.

12 Stück   1 Stück: 150 kcal   628 kJ   9,4 g Fett   0,9 BE

Gold der Erde

> 8 mittelgroße Kartoffeln ca. 800g
> 200 g Zucchini
> 200 g Fleischtomaten
> 1/2 TL Majoran frisch oder getrocknet
> 100 g Käse (30 % Fett i.Tr.)
> Salz, Pfeffer
> 1 Prise Muskatnuss

Kartoffeln mit der Bürste gründlich waschen und mit wenig Wasser und in einem Topf kochen. Danach abgießen und etwas erkalten lassen. Kartoffeln als Behälter verwenden, darum von jeder Kartoffel einen Deckel abschneiden und den restlichen Teil der Kartoffel mit einem Kugelausstecher oder Teelöffel vorsichtig aushöhlen. Zucchini waschen und in sehr kleine Würfel schneiden oder raspeln. Tomaten waschen und in kleine Würfel schneiden. Käse fein reiben. Die Kartoffelmasse mit dem Messer klein hacken und mit den Zucchiniwürfelchen, den Tomatenwürfeln und dem geriebenen Käse vermischen. Mit Salz, Pfeffer, Majoran und Muskatnuss abschmecken. Kartoffel-Gemüse-Masse in die ausgehöhlten Kartoffeln füllen, Deckel darauf und in eine Auflaufform setzen. Im Backofen bei 200 Grad oder 160 Grad Umluft ca. 20 Minuten backen. Kartoffeln ohne Schale essen.
Sehr gut schmeckt Salat dazu.

4 Portionen   1 Portion: 82 kcal   343 kJ   4,3 g Fett 2,5 BE

Grüne Nudeln mit Frischkäse

400 g grüne Nudeln roh
200 g Kräuterfrischkäse mager
100 ml Milch 1,5% Fett
1 EL gemahlene Mandeln
1 Bund Schnittlauch
Salz, Pfeffer

Nudeln nach Packungsanleitung kochen. Kräuterfrischkäse, gemahlene Mandeln, Milch und klein geschnittenen Schnittlauch in einer Pfanne mischen und erwärmen. Mit Salz und Pfeffer kräftig abschmecken. Mit den gekochten Nudeln vermischen. Sehr gut schmeckt dazu ein großer Salat oder gegrillte Tomaten.

4 Portionen   1 Portion: 485 kcal   2029 kJ   8,5 g Fett   5 BE

Haferflockentaler

160 g zarte Haferflocken
200 g Karotten
80 g Schnittkäse mager (30% Fett i. Tr.)
80 g Zwiebel
2 TL Sesam
Salz, Pfeffer
4 EL Wasser
140 g Magerquark oder 2 Eier
Zum Braten: 2 TL Rapsöl

Karotten schälen und fein raspeln. Käse fein reiben. Zwiebel schälen und in kleine Würfel schneiden. Haferflocken, Karotten, Käse, Zwiebelwürfel, Sesam, Wasser und Quark oder Eier vermengen. Mit Salz und Pfeffer abschmecken. Die Haferflockenmasse 15 Minuten stehen lassen. Kleine flache Taler formen und in einer Pfanne mit wenig Öl von beiden Seiten knusprig braten.
Salat und Zaziki oder Gemüse und Zaziki dazu servieren.

4 Portionen   1 Portion: 278 kcal   1163 kJ   7 g Fett   2 BE

Pasta mit Spinat-Tomaten-Sauce

300 g Vollkornnudeln roh
250 g Spinat frisch
(oder 150g tiefgefrorener Blattspinat)
250 g Champignons
1 EL Zitronensaft
250 g Tomaten
75 g Zwiebeln
1 Knoblauchzehe
1 TL Oliven- oder Rapsöl
Salz, Pfeffer
1 Prise Muskatnuss
150 g magerer Schnittkäse 30 % Fett i.Tr.
oder 80 g Parmesan 30 % Fett i.Tr.

Die Nudeln laut Packungsanweisung kochen, abgießen und kalt abbrausen. Käse fein reiben. Die Zwiebel schälen und in kleine Würfel schneiden. Die Knoblauchzehe schälen und fein hacken. Tomaten waschen, Strunk entfernen und in kleine Würfel schneiden. Die schlechten Blätter aus dem Spinat entfernen und Spinat waschen. Die Pilze waschen und fein-blätterig schneiden, mit dem Zitronensaft vermischen. Die Zwiebelwürfel und den Knoblauch mit 1 TL Öl in eine Pfanne geben und hellgelb braten. Die Pilze und den Spinat dazugeben. Zugedeckt dünsten, bis der Spinat zusammengefallen ist oder der gefrorene Blattspinat aufgetaut ist. Kräftig mit Pfeffer und Muskatnuss würzen. Leicht salzen. Nun die gekochten Nudeln und die gewürfelten Tomaten unter die Spinatmasse mischen und heiß werden lassen. Mit geriebenem Käse bestreuen.

4 Portionen   1 Portion: 382 kcal   1598 kJ   9 g Fett   3¾ BE

Schwarze Nudeln mit Tomaten und Parmesanspänen

400 g schwarze Nudeln roh
1 kg Fleischtomaten
Salz, Pfeffer
Suppenwürze
Oregano, Rosmarin, Thymian
100 g Parmesan in feine Scheibchen gehobelt

Nudeln laut Packungsanweisung kochen. Von den Fleischtomaten Stielansatz entfernen und auf der gegenüberliegenden Seite die Haut kreuzförmig einritzen. Die Tomaten ½ Minute in kochendes Wasser geben, herausnehmen und kurz in kaltes Wasser legen. Dann die Haut abziehen. Tomaten vierteln und die Kerne entfernen. (Saft von den Kernen auffangen). Tomatenfleisch in 1 cm große Würfel schneiden. Tomatenwürfel in einen Topf geben und zusammen mit dem aufgefangenen Saft der Kerne erwärmen. Mit Salz, Pfeffer, Kräutern und Suppenwürze kräftig abschmecken. Die Nudeln mit den Tomatenwürfeln vermischen und noch mal heiß werden lassen. Mit Parmesanspänen servieren.Dieses Gericht kann auch mit anderen Nudeln zubereitet werden.

4 Portionen 1 Portion: 501 kcal   2096 kJ 10,4 g Fett 5 BE

Spinat–Lasagne

900 g Blattspinat gefroren
1-2 Knoblauchzehen
300 g Magerquark
200 ml Milch 1,5% Fett
100 g Schnittkäse mager 30% Fett i. Tr.
3 Eier
Salz, Pfeffer
1 Prise Muskatnuss
150 g Lasagneblätter (ohne Vorkochen)

Spinat auftauen lassen. Knoblauch schälen und pressen oder fein hacken. Käse fein reiben. Quark mit Magermilch, Knoblauch, 60 g geriebenen Käse glatt rühren und mit Salz, Pfeffer und Muskatnuss kräftig abschmecken. Eier unter die Quarkmasse rühren. Backofen auf 200 Grad vorheizen. In eine feuerfeste Form zuerst etwas Blattspinat geben, leicht salzen und pfeffern. Dann Lasagneblätter darauf verteilen, diese dünn mit der Quarkcreme begießen, wieder Lasagneblätter, Spinat, Lasagneblätter, Quarkcreme, Lasagneblätter, Spinat, Quarkcreme. Restlichen Käse darüber streuen, im Backofen bei 180 Grad oder 150 Grad Umluft etwa 35 Minuten backen.

4 Portionen 1 Portion: 386 kcal   1615 kJ   10 g Fett   2 BE

Spinatpudding mit Käsesauce

200 g Vollkornsemmeln (Frisch oder 1-2 Tage alt)
200 ml Milch 1,5% Fett
3 Eier
500 g Spinat frisch
150 g Zwiebeln
Salz, Pfeffer, 1 Prise Muskatnuss
2 Knoblauchzehen
1 TL Sesam
10 g Margarine zum Fetten

Vollkornsemmeln in feine Scheiben schneiden. Eier trennen.
Die Milch mit den 3 Eigelben verquirlen und mit den
Semmelscheiben in einer Schüssel vermischen. Spinat
waschen und etwas abtropfen lassen. Zwiebeln schälen, in
kleine Würfel schneiden und mit 1 EL Wasser in einer
Pfanne leicht bräunen. Die fein gehackten Knoblauchzehen
kurz mitbraten und dann den Spinat dazugeben. Deckel
darauf und warten bis der Spinat zusammengefallen ist.
Spinat salzen, pfeffern und mit Muskatnuss abschmecken.
Den Spinat unter die Semmelmasse rühren. Eiweiß in einer
Schüssel sehr steif schlagen und unter die Spinat-
Semmelmasse heben. Alles in eine leicht gefettete
Auflaufform füllen. Mit Sesam bestreuen und bei 200 Grad
oder 160 Grad Umluft 45 Minuten im Ofen backen.

4 Portionen   1 Portion: 244 kcal   1021 kJ   8 g Fett   2 BE

250 ml Milch 1,5% Fett
125 ml Wasser
15 g Heller Fix-Soßenbinder ohne Fett
75 g Frischkäse fettarm
Salz, Pfeffer

Milch und Wasser in einem Topf erwärmen, mit einem
Schneebesen das Bindemittel einrühren und aufkochen.
Frischkäse unterrühren. Sauce salzen und pfeffern.

4 Portionen   1 Portion: 79 kcal   331 kJ   4 g Fett   1/2 BE

Gefüllte Zucchinischiffchen

4 Zucchini (ca. 700g)
1 EL Zitronensaft
200 g Hüttenkäse körnig
100 g Joghurt natur 1,5% Fett
50 g Hirseflocken
Salz
Pfeffer
600 g Tomaten
Pizzagewürz
Salz

Tomaten waschen, Strunk entfernen, in 1,5 cm große Würfel schneiden und in eine flache Auflaufform geben. Tomatenwürfel mit Pizzagewürz und Salz würzen. Zucchini waschen, der Länge nach halbieren, mit einem Teelöffel etwas aushöhlen. Das ausgehöhlte Zucchinifleisch klein hacken und unter die Tomatenwürfel mischen. Hüttenkäse, Joghurt und Hirseflocken vermengen und mit Salz und Pfeffer kräftig abschmecken. Zucchinischiffchen innen mit Zitronensaft beträufeln und mit der Hüttenkäsemasse füllen. Die Zucchinihälften auf die Tomaten setzen und in den Backofen stellen. Bei 200 Grad oder 160 Grad Umluft ca. 40 Minuten backen.

4 Portionen   1 Portion: 167 kcal   699 kJ   4 g Fett   3/4 BE

Hirseauflauf

500 g Magerquark
3 Eigelb
Saft von 1 Zitrone
1 Banane
1 Prise Vanille gemahlen
80 g Hirseflocken
3 Eiweiß
50 g getrockneter Zuckerrohrsaft oder Zucker
10 g Margarine zum Fetten

Banane in kleine Würfel schneiden. Eigelb, Quark, Zitronensaft, Vanille, Bananenwürfel und Hirseflocken verrühren. Eiweiß mit dem Zucker steif schlagen. Eischnee auf die Quarkmasse geben und vorsichtig unterheben. In eine gefettete Auflaufform füllen und bei 200 Grad oder 160 Grad Umluft ca. 50 Minuten bis 1 Stunde backen. Mit Heidelbeersoße servieren.

4 Portionen   1 Portion: 321 kcal   1343 kJ   8 g Fett 2,5 BE

Heidelbeersauce

300 g gefrorene Heidelbeeren
1/8 l (125 ml) Apfelsaft
10 g Stärkemehl

Stärkemehl mit etwas Apfelsaft verrühren. Heidelbeeren und restlichen Apfelsaft in einem Topf zum Kochen bringen und das angerührte Stärkemehl einrühren. Alles zusammen kurz aufkochen.

4 Portionen   1 Portion: 56 kcal   234 kJ   0,6 g Fett   0,9 BE

Nuss-Grieß-Auflauf mit Himbeersauce

50 g fein gemahlene Mandeln
250 ml Milch 1,5% Fett
100 g feiner Vollkorngrieß
250 g Joghurt natur 1,5 % Fett
½ TL Zimt
abgeriebene Schale von 1 ungespritzten Zitrone
gemahlene Vanilleschote
50 g Rohrzucker oder Zucker
3 Eier
10 g Margarine zum Fetten
500 g gefrorene Himbeeren
20 g Rohrzucker oder Zucker

Eier trennen. Gemahlene Mandeln, Milch, Grieß, Joghurt, Eigelb, Zimt, Zitronenschale, Vanille und 30g Zucker in eine Schüssel geben. Mit dem Handrührgerät gut vermischen. Eiweiß mit 20g Zucker zu sehr steifem Schnee schlagen und unter die Grießmasse heben. In eine flache, gefettete Form füllen und im Ofen bei 200 Grad oder Umluft 160 Grad 45 Minuten backen. Himbeeren in eine feuerfeste Form geben und die letzten 10 Minuten mit in den Backofen stellen. Mit Zucker süßen.

4 Portionen 1 Portion: 359 kcal 1502 kJ   15 g Fett 3,8 BE

Quarkauflauf

3 Eier getrennt
60 g Rohrzucker oder Zucker
500 g Magerquark
170 g Joghurt natur 1,5% Fett
100 g Vollkorngrieß
750 g Äpfel
1 Prise gemahlene Vanille
1 EL Backpulver
10 g Margarine zum Fetten

Auflaufform fetten. Äpfel waschen, schälen, vierteln, entkernen und in Scheiben schneiden. Apfelscheiben in eine Auflaufform geben. Eigelb, Vanille und Zucker schaumig schlagen. Quark, Joghurt und Grieß unterrühren. Eiweiß steif schlagen und unter die Quarkmasse heben. Die Masse auf den Äpfeln verteilen. Bei 200 Grad oder 160 Grad Umluft ca. 45 Minuten backen.

4 Portionen   1 Portion: 429 kcal   1795 kJ   8 g Fett 4,3 BE

Reisauflauf

200 g Milchreis
800 ml Milch 1,5% Fett
30 g Rohrzucker oder Zucker
1 Prise gemahlene Vanille
Zitronenschale von 1 unbehandelten Zitrone
10 g Margarine zum Fetten

Auflaufform fetten. Reis waschen und in die Form geben. Zucker und Zitronenschale darauf verteilen. Mit der Milch übergießen. Bei 200 Grad oder 160 Grad Umluft 15 Minuten backen dann den Reisauflauf umrühren und noch mal ca. 35 Minuten backen lassen. Apfelmus oder Kompott dazu servieren.

4 Portionen 1 Portion: 322 kcal 1347 kJ 5,6 g Fett 4,7 BE

Fischüberraschung aus dem Ofen

400g Rotbarschfilet frisch oder gefroren
oder Seelachsfilet frisch oder gefroren
1 unbehandelte Zitrone
Salz
weißer Pfeffer
20 g Semmelbrösel
40 g Parmesan 30 % Fett i. Tr.
500 g Tomaten
30 g Zwiebel
250 g Zucchini
½ TL Rosmarin frisch oder getrocknet
150 g Joghurt natur 1,5% Fett
Salz
Pfeffer

Frischen Fisch abwaschen. Fischfilets nebeneinander in eine ofenfeste Form legen. Mit Zitronensaft beträufeln, mit Salz und Pfeffer würzen. Tomaten und Zucchini waschen und in Stücke schneiden. Zwiebel schälen und vierteln. Tomaten, Zucchini, Zwiebel, Semmelbrösel, Parmesan, Rosmarin, Joghurt, Salz, Pfeffer und ein Stückchen Zitronenschale in einen Mixer oder in eine Küchenmaschine mit Messer geben und alles zusammen fein zerkleinern. Diese Masse über den Fisch geben und im Ofen bei 200 Grad oder Umluft 160 Grad 45 Minuten backen. Als Beilage Reis (siehe Reis aus dem Backofen) oder Kartoffeln reichen.

4 Portionen   1 Portion: 193 kcal   808 kJ   7 g Fett   0,4 BE

Überbackener Fisch auf Reis

150 g Vollkornreis roh (parboiled)
400 g Rotbarschfilets frisch oder gefroren
½ Zitrone
Salz
800 g Tomaten frisch oder Pizzatomaten fertig
Oregano, Thymian, Salbei oder Pizzagewürz
Pfeffer
80 g Schnittkäse mager 30% Fett i. Tr.
1/8 l (125 ml) Milch 1,5% Fett
1/8 l Wasser
20 g Fix Soßenbinder hell

Käse fein reiben. Frische Fischfilets abwaschen. Fischfilets mit Zitronensaft beträufeln und salzen. Reis roh in eine Auflaufform geben. Fischfilets darauf legen. Tomaten waschen, Strunk entfernen, in Würfel schneiden und über den Reis und den Fisch geben. Kräuter und Pfeffer darüber streuen. Als Nächstes den Käse darüber geben. Die Milch und das Wasser in einem Topf mischen, erhitzen, den Soßenbinder mit dem Schneebesen einrühren und 1 Minute kochen lassen. Die Soße als letzte Schicht über den Käse geben. Im Backofen bei 200 Grad oder 160 Grad Umluft 1 Stunde backen. Vom Reis probieren, ob dieser gar ist. Bei gefrorenem Fisch 1 ¼ Stunden backen.

4 Portionen   1 Portion: 398 kcal   1665 kJ   8 g Fett   3 BE

Zucchinischiffchen mit Thunfischfüllung und Tomatensauce

4 Zucchini ca. 700 g
1 EL Zitronensaft
200 g Hüttenkäse körnig
100 g Joghurt natur 1,5% Fett
50 g Hirseflocken
75 g Thunfisch in Wasser
Salz
Pfeffer
Suppenwürze
600 g Tomaten frisch oder Pizzatomaten
Oregano, Thymian, Rosmarin oder Pizzakräuter

Thunfisch auf einem Sieb abtropfen lassen. Tomaten waschen, Strunk entfernen, in 1,5 cm große Würfel schneiden und in eine flache Auflaufform geben, mit den Kräutern vermischen und mit Salz und Suppenwürze abschmecken. Zucchini waschen, der Länge nach halbieren, mit einem Teelöffel etwas aushöhlen. Das Zucchinifleisch klein hacken und unter die Tomatenwürfel mischen.
Hüttenkäse, Joghurt, Hirseflocken und Thunfisch vermischen und mit Salz, und Pfeffer kräftig abschmecken.
Zucchinischiffchen innen mit Zitronensaft beträufeln und mit Thunfischhüttenkäsemasse füllen. Die Zucchinihälften auf die Tomaten setzen und in den Backofen stellen. Bei 200 Grad oder 160 Grad Umluft ca. 40 Minuten backen.
Zucchinischiffchen auf Tellern anrichten. Die Tomatenmasse in einem Mixgefäß oder mit dem Passierstab mixen. Diese Sauce um die Schiffchen gießen.

4 Portionen   1 Portion: 214 kcal   895 kJ   7,3 g Fett   ¾ BE

Bunter Kreis-Hamburger

250 g Vollkornmehl
250 g Magerquark
1 Ei
1 Backpulver
2 Prisen Salz
4 EL Milch 1,5% Fett
1 EL Sesam

Backblech mit Backpapier belegen. Mehl mit Backpulver und dem Salz in einer Schüssel vermischen. Quark, Ei und Milch dazu geben. Mit der Hand zu einem Teig verkneten. Teig in 10 gleich große Teile teilen. Aus jedem Teigteil eine Kugel formen und leicht platt drücken. Die Semmeln auf das Blech legen. Etwas Abstand zwischen den Semmeln lassen. Den Backofen vorheizen. Die Semmeln mit kaltem Wasser bepinseln und mit Sesam bestreuen. Bei 200 Grad oder bei 160 Grad Umluft 30 Minuten backen lassen. Blech aus dem Ofen nehmen und die Semmelchen auf einem Kuchengitter auskühlen lassen.

400 g Rinderhackfleisch mager
1 Ei
125 g Magerquark
150 g Karotten
75 g Zwiebel
1 EL Petersilie
1 TL Senf mittelscharf
Salz, Pfeffer, Majoran

Blech mit Backpapier belegen. Karotten schälen und fein raspeln. Zwiebel schälen und in kleine Würfel schneiden. Petersilie klein hacken und mit den restlichen Zutaten in einer Schüssel gut verkneten. 10 flache Küchlein formen, etwas größer wie die Semmelchen und auf das Backblech legen. Im Backofen bei 200 Grad oder 160 Grad Umluft ca. 25-30 Minuten braten.

Fortsetzung auf der nächsten Seite →

Fortsetzung: Bunter Kreis-Hamburger

5 TL Ketchup
10 Salatblätter
2 –3 Tomaten
2-3 Essiggurken

Tomaten waschen, Strunk ausschneiden und in Scheiben schneiden. Essiggurken in Scheiben schneiden. Semmeln halbieren, untere Hälfte mit Ketchup bestreichen, mit Salatblatt und Tomatenscheibe belegen.
Fleischküchle darüber und die Essiggurkenscheiben darauf.
Nun die obere Hälfte der Semmel auf den Hamburger setzen. Damit alles besser zusammen hält, mit einem Zahnstocher zusammen spießen.

10 Portionen 1 Portion: 198 kcal 828 kJ 3,7 g Fett 1¼ BE

Fleischküchle mit Gemüse

300g Rinderhackfleisch mager
1 kleines Ei
100 g Magerquark
100 g Karotten
75 g Zucchini
1 EL Petersilie
Salz
Pfeffer
1 TL Senf mittelscharf

Backblech mit Backpapier belegen. Karotten schälen und fein raspeln. Zucchini waschen und fein raspeln. Petersilie hacken, mit Hackfleisch, Ei und Quark in einer Schüssel gut vermischen. Flache Küchle formen und auf das Backblech legen. Im Backofen bei 200 Grad oder 160 Grad Umluft ca. 30 Minuten braten.

4 Portionen   1 Portion: 160 kcal   669 kJ   4,3 g Fett   0 BE

Chinamix mit Fleisch

250 g Zwiebeln
250 g frische Sprossen
250 g Champignons
350 g Karotten
300 g Putenfleisch
1 EL Zitronensaft
½ TL Rapsöl
¼ l Wasser
7 EL Sojasoße
Curry, Paprika oder Chinagewürzmischung
Salz
Suppenwürze
1 Prise gemahlener Kreuzkümmel

Zwiebeln schälen, vierteln oder achteln und in die einzelnen Zwiebelstückchen teilen. Sprossen waschen. Champignons waschen, vierteln und gleich mit Zitronensaft beträufeln. Karotten schälen und in dünne Scheiben schneiden. Fleisch abwaschen, in Scheiben und diese in Streifen schneiden. Öl in eine Pfanne oder in einen Wok geben und das Fleisch darin durchbraten. Danach auf einen Teller geben. In die Pfanne oder den Wok das Gemüse ohne die Sprossen geben und kurz anbraten. Sojasoße und Wasser dazu gießen, den Deckel darauf geben und das Gemüse ca. 15 Minuten kochen lassen. Die Sprossen dazu geben und mit den Gewürzen, Salz und Suppenwürze abschmecken. Das Fleisch unterrühren und alles noch mal 5 Minuten kochen lassen.

4 Portionen   1 Portion: 153 kcal   640 kJ   1,8 g Fett   0 BE

Italienischer Nudelauflauf

150 g Nudeln roh (am Besten Röhrchennudeln)
400 g Tomaten
150 g Zucchini
200 g Paprika rot
100 g Champignons
100 g Schinken mager
50 g Schnittkäse mager 30% Fett i. Tr.
300 ml Wasser
200 ml Milch 1,5% Fett
20 g Mehl
4 EL Wasser
Salz
Pfeffer
Suppenwürze
1 TL Pizzakräuter

Tomaten waschen, Strunk entfernen und in 1 cm große
Würfel schneiden. Zucchini der Länge nach halbieren und in
dünne Scheiben schneiden. Paprika waschen, vierteln,
entkernen und in kleine Würfel schneiden. Die Champignons
waschen und in Scheiben schneiden. Schinken in 1 cm
große Würfel schneiden. Schnittkäse fein reiben. Die Nudeln
roh in eine Auflaufform füllen. Darüber die Schinkenwürfel
und das Gemüse geben. Mehl mit 4 EL Wasser in einer
Tasse glatt rühren. 300 ml Wasser mit der Milch erwärmen,
mit Salz und Pizzagewürz kräftig abschmecken, das Mehl-
Wasser-Gemisch mit dem Schneebesen einrühren und alles
unter Rühren aufkochen lassen. Diese Soße über das
Gemüse in die Auflaufform gießen. Käse darüber streuen.
Im Backofen bei 200 Grad oder 160 Grad Umluft garen.
Garzeit 45 Minuten

4 Portionen 1 Portion: 307 kcal 1284 kJ 7,4 g Fett 2,4 BE

Nachspeisen

Bratapfel

4 Äpfel ca. 700 g
1 EL Rosinen
1 EL Haferflocken grob

Äpfel waschen, Kerngehäuse ausstechen, auf ein mit
Backpapier ausgelegtes Blech setzen oder in extra
Förmchen oder Auflaufform. Rosinen und Haferflocken
hacken, in die Äpfel füllen. Bei 200 Grad oder 160 Grad
Umluft ca. 30-40 Minuten backen.

4 Portionen   1 Portion: 100 kcal   418 kJ   1 g Fett

Florian´s Apfeltiramisu

150 g Löffelbiskuits
6 EL Apfelsaft
350 g Apfelmus
250 g Magerquark
200 g Frischkäse natur mager
1/8 l Milch 1,5% Fett
1 EL Honig
1 EL Kakao

Die Löffelbiskuits in eine Auflaufform legen und mit Apfelsaft
beträufeln. Das Apfelmus darauf verteilen. Den Magerquark
und den Frischkäse mit Milch und Honig aufschlagen
(Rührgerät). Die Quarkcreme über das Apfelmus streichen.
Kühl stellen, gut durchziehen lassen und kurz vor dem
Servieren mit Kakao bestreuen.

8 Portionen   1 Portion: 164 kcal   686 kJ   3 g Fett

Früchte-Quarkspeise

200 g Magerquark
200 g Joghurt natur 1,5 % Fett
1 Prise Vanille gemahlen
400 g Obst frisch z.B. Ananas, Erdbeeren, Apfel,
Banane, Himbeeren, Johannisbeeren, Orange,
Mango, Birne, Kirschen usw.

Quark, Joghurt und Vanille cremig rühren, gewaschenes, geputztes und klein geschnittenes Obst zugeben. Bei sehr saurem Obst, wie Johannisbeeren noch etwas Rohrzucker oder Zucker darunter rühren.

4 Portionen   1 Portion: 147 kcal   615 kJ   1,1 g Fett

Griechischer Apfel-Joghurt-Traum

500 g Joghurt natur 1,5% Fett
250 g Äpfel
1 Msp Zimt gemahlen
1 TL Zitronensaft

Naturjoghurt mit Zimt und Zitronensaft verrühren. Die Äpfel waschen, vierteln, schälen, raspeln und unter den Joghurt mischen.

4 Portionen   1 Portion: 90 kcal   377 kJ   2,1 g Fett   1 BE

Himbeercremeeis

400 g gefrorene Himbeeren
400 g Joghurt natur 1,5% Fett
1 Prise gemahlene Vanille
20 g Rohrzucker oder Zucker

Joghurt süßen, die gefroren Himbeeren dazu und mit einem Passierstab mixen. Das Eis sofort servieren.

4 Portionen 1 Portion: 100 kcal 418 kJ 1,8 g Fett 11/4 BE

Freche Früchtchen

4 Aprikosen
4 Pflaumen
80 g Magerquark
1 TL Trinkschokoladenpulver
80 g Magerquark
1 Prise gemahlene Vanille
1/2 TL Rohrzucker oder Zucker
1 EL Pistazien oder Kürbiskerne

Pistazien oder Kürbiskerne hacken. Pflaumen und Aprikosen waschen, halbieren und entkernen. Die Obsthälften auf eine Platte legen, mit dem Kernloch nach oben. 80 g Quark mit Trinkschokoladenpulver verrühren. 80 g Quark mit Vanille und Rohrzucker verrühren. In einen kleinen Spritzbeutel mit Sterntülle den hellen Quark einfüllen und in 8 Früchtehälften schön einspritzen. Dann den dunklen Quark einfüllen und die restlichen Früchtehälften damit verzieren. Mit gehackten Pistazien oder Kürbiskernen bestreuen.

4 Portionen   1 Portion: 81 kcal   389 kJ   0,8 g Fett

Joghurtcreme mit marinierten Früchten

250 g Joghurt natur 1,5% Fett
½ Päckchen Gelatine pulverisiert
3 EL Wasser
10 g Rohrzucker oder Zucker
1 Prise gemahlene Vanille
1 Orange
1 Birne
1 Banane klein
4 Erdbeeren
1-2 TL Zitronensaft
1 EL Pistazien oder Kürbiskerne

Joghurt mit Rohrzucker und Vanille abschmecken. Gelatine mit 3 EL Wasser in einem kleinen Topf verrühren und 5 Minuten quellen lassen. Nun vorsichtig erwärmen bis die Gelatine flüssig ist. Nicht kochen! Vom Herd nehmen. 4 EL von der Joghurtmischung mit dem Schneebesen in die flüssige Gelatine rühren und dann diese Mischung in die Joghurtmischung rühren. Die Joghurtcreme in 4 Schälchen verteilen und 2 Stunden in den Kühlschrank stellen.
Pistazien oder Kürbiskerne klein hacken. Obst klein schneiden und mit dem Zitronensaft marinieren. Obstmischung über die feste Joghurtcreme geben und mit Pistazien oder Kürbiskernen bestreuen.

4 Portionen   1 Portion: 103 kcal   431 kJ   1,2 g Fett

Rote Grütze mit Vanillesauce

4 EL Wasser
120 g rote Johannisbeeren frisch oder gefroren
120 g Sauerkirschen frisch oder gefroren
50 g Erdbeeren frisch oder gefroren
120 g Himbeeren frisch oder gefroren
20 g Rohrzucker oder Zucker
1,5 g pflanzliches kalorienfreies Bindemittel z.B. Bindobin

Wasser, Johannisbeeren, Sauerkirschen und Bindemittel in einem Topf mischen und aufkochen lassen. Vom Herd nehmen, die Himbeeren und Erdbeeren unterrühren. Wenn notwendig mit Rohrzucker süßen. In Schälchen verteilen.

4 Portionen   1 Portion: 84 kcal   351 kJ   0,3 g Fett

Vanillesauce

250 ml Milch 1,5% Fett
15 g Vanillepuddingpulver
5 g Rohrzucker oder Zucker

Puddingpulver in eine Tasse geben und mit 5 EL kalter Milch glatt rühren. Restliche Milch und den Rohrzucker in einen Topf schütten und zum Kochen bringen. Wenn die Milch kocht, vom Herd nehmen und das angerührte Puddingpulver mit einem Schneebesen einrühren. Den Topf wieder auf die Herdplatte stellen und unter ständigem Rühren einmal aufkochen lassen. Zugedeckt kalt stellen. Die kalte Vanillesauce mit einem Schneebesen glatt rühren oder mit dem Passierstab mixen. Über die rote Grütze geben.

4 Portionen   1 Portion: 60 kcal   251 kJ   1,2 g Fett   1/2 BE

Schokoladencreme mit Birnen

250 ml Milch 1,5% Fett
½ Päckchen Schokoladenpuddingpulver
10 g Rohrzucker oder Zucker
500 g Birnen
20 g Mandelblättchen

Schokoladenpuddingpulver in einer Tasse mit 5 EL Milch glatt rühren. Restliche Milch mit dem Zucker zum Kochen bringen, Topf vom Herd stellen und das angerührte Schokoladenpuddingpulver mit einem Schneebesen einrühren. Topf wieder auf den Herd stellen und ca. 1 Minute kochen lassen, dabei ständig umrühren. Pudding abdecken und erkalten lassen. Birnen vierteln, in Scheibchen schneiden und in 4 Schüsselchen verteilen. Den kalten Pudding mit einem Passierstab mixen und über die Birnenstückchen gießen. Mit Mandelblättchen garnieren.

4 Portionen   1 Portion: 156 kcal   653 kJ   4 g Fett   1,9 BE

Vanillejoghurt

¼ l (250 ml) Milch 1,5% Fett
½ Päckchen Vanillepuddingpulver
2 Prisen gemahlene Vanille
500 g Joghurt natur 1,5% Fett
20 g Rohrzucker oder Zucker

Vanillepuddingpulver in einer Tasse mit 5 EL Milch glatt rühren. Restliche Milch, Zucker und 1 Prise Vanille zum Kochen bringen, Topf vom Herd nehmen und das angerührte Vanillepuddingpulver mit einem Schneebesen einrühren. Topf wieder auf den Herd stellen und ca. 1 Minute kochen lassen, dabei ständig umrühren. Pudding abdecken und kalt werden lassen. Kalten Pudding mit dem Passierstab glatt mixen und dann mit dem Joghurt verrühren. In 4 Nachtischschälchen verteilen.

4 Portionen 1 Portion: 149 kcal   623 kJ   2,9 g Fett 1,5 BE

Verena´s   Pfirsichnachtisch

2 Pfirsiche
125 g Magerquark
2 EL Milch 1,5% Fett
1 Prise gemahlene Vanille
10 g Rohrzucker oder Zucker
75 g gefrorene oder frische Himbeeren
4 EL Wasser

Himbeeren auftauen lassen, 4 EL Wasser dazu und mit dem Passierstab mixen. Die Pfirsiche waschen, halbieren und auf 4 Teller verteilen. Den Quark mit der Milch gut verrühren und mit Zucker und Vanille abschmecken. Quark in einen kleinen Spritzbeutel mit Sterntülle füllen und in die Pfirsichhälften spritzen. Zur Hälfte mit Himbeersoße übergießen.

4 Portionen   1 Portion: 55 kcal   230 kJ   0,3 g Fett

Verliebtes Joghurteis

1 kleine Banane
100 g Erdbeeren
125 g Magerquark
125 g Joghurt 1,5% Fett

Alle Zutaten in einem Becher mit dem Passierstab mixen. Anschließend in der Eismaschine zubereiten.

4 Portionen   1 Portion: 70 kcal   293 kJ   0,7 g Fett   3/4 BE

Kuchen

Apfelkuchen

50 g Margarine
50 g Joghurt natur 1,5%
90 g Rohrzucker oder Zucker
2 Eier
Schale von 1 unbehandelten Zitrone
200 g Mehl Type 1050
2 gestrichene TL Backpulver
2 EL Milch
750 g Äpfel
10 g Margarine zum Fetten

Springform mit glattem Boden fetten. Äpfel waschen, schälen, vierteln und entkernen. Margarine und Zucker in einer Schüssel schaumig rühren. Joghurt, Eier, Vanille und Zitronenschale dazugeben und nochmals gut rühren. Mehl mit Backpulver mischen und mit der Milch unter die Eiermasse rühren. Den Teig in die Springform einfüllen und glatt streichen. Backofen vorheizen. Geviertelte Äpfel mit einer Gabel an der Oberfläche leicht einritzen und auf den Teig setzen. Bei 200 Grad oder 160 Grad Umluft 45 Minuten backen.

12 Stücke   1 Stück: 162 kcal   678 kJ   5 g Fett   2 1/4 BE

Apfelkuchen auf dem Blech

170 g Magerquark
70 g Milch 1,5% Fett
18 g Rapsöl
75 g Rohrzucker oder Zucker
1 Backpulver
300 g Mehl Type 1050
10 g Margarine zum Fetten
1250 g Äpfel
80 g Magerquark
¼ l (250 ml) Milch 1,5% Fett
1 Prise Vanille gemahlen
1 Päckchen Vanillepuddingpulver

Backblech fetten. 170 g Quark, 70 g Milch, Öl und Zucker gut miteinander verrühren. Das mit dem Backpulver gemischte Mehl dazugeben und die Masse kräftig durchkneten. Den Teig auf dem gefetteten Backblech ausrollen und einen Rand hochziehen. Äpfel schälen und raspeln. 80 g Quark, 250 ml Milch, Vanille und Puddingpulver gut vermischen. Die geraspelten Äpfel untermischen. Die Apfelmasse auf dem Teig verteilen. Den Kuchen bei 200 Grad oder 160 Grad Umluft ca. 50–60 Minuten backen.

20 Stücke   1 Stück: 127 kcal   531 kJ   2 g Fett   2 BE

Erdbeerkuchen

2 Eier
2 EL Wasser
60 g Rohrzucker oder Zucker
1 Prise Vanille gemahlen
100 g Mehl Type 1050
1 TL Backpulver
10 g Margarine zum Fetten

Springform mit glattem Boden fetten. Eier trennen. Eiweiß mit Wasser halbsteif schlagen. Zucker und Vanille dazu geben. Eischnee aufschlagen, bis er steif und cremig ist. Eigelb zugeben und unterrühren, bis die Creme gleichmäßig gelb ist. Mehl mit Backpulver vermischen, durch ein Sieb auf die Eiermasse streuen und mit einem Schneebesen vorsichtig unterrühren. Teig in die Springform füllen und bei 160 Grad Umluft oder 200 Grad Ober- und Unterhitze untere Schiene 30 Minuten backen. Kuchen aus dem Ofen nehmen und in der Form erkalten lassen. Kalt aus der Form lösen und auf eine Tortenplatte setzen. Den Kuchenboden mit einem Tortenring versehen.

250 ml (1/4 Liter) Milch 1,5% Fett
22 g Puddingpulver Vanille- oder Sahnegeschmack
(= 1/2 Päckchen Puddingpulver)
10 g Rohrzucker oder Zucker

Puddingpulver, Zucker und 4 El Milch in einer Tasse verrühren. Die restliche Milch zum Kochen bringen. Topf mit der kochenden Milch von der Kochstelle nehmen und das angerührte Puddingpulver mit dem Schneebesen einrühren. Topf wieder auf den Herd stellen und 1 Minute kochen lassen, dabei gut umrühren. Pudding noch heiß auf den Kuchenboden verteilen und kalt werden lassen.

Fortsetzung auf der nächsten Seite →

Fortsetzung: Erdbeerkuchen

750 g Erdbeeren
1 Päckchen Tortenguss
250 ml Wasser (1/4 Liter)
15 g Rohrzucker oder Zucker

Erdbeeren waschen und in einem Sieb gut abtropfen lassen. Auf dem Pudding verteilen. 1 Päckchen Tortengusspulver und Zucker in einen kleinen Topf mischen und nach und nach mit 250 ml Wasser glatt rühren. Zum Glattrühren einen Rührlöffel verwenden. Das Ganze unter Rühren zum Kochen bringen. Den Guss nun sofort von der Mitte aus gleichmäßig über die Erdbeeren verteilen. Kuchen kalt stellen. Wenn der Tortenguss fest ist, den Ring entfernen.

12 Stücke   1 Stück: 111 kcal   464 kJ   1,7 g Fett   1,7 BE

Blaubeer-Muffins

150 g Joghurt natur 1,5% Fett
125g Eier (im Ganzen gewogen, mit Schale)
100 g Rohrzucker oder Zucker
abgeriebene Schale von 1 unbehandelten Zitrone
150 g Mehl Type 1050
1 gestrichener TL Backpulver
1 EL Weizenvollkorngrieß
75 g Heidelbeeren gefroren oder frisch
12 Muffinpapierförmchen

Joghurt, Eier, Zucker und Zitronenschale gut verrühren. Mehl mit Backpulver mischen und unterrühren. 12er Muffinsform mit Papierförmchen auslegen. Backofen vorheizen. Teig mit einem Esslöffel einfüllen. In jedes Förmchen je 5 Heidelbeeren etwas eindrücken. Bei 200 Grad oder 160 Grad Umluft ca. 30 Minuten backen. Auf einem Kuchengitter auskühlen lassen.

12 Stücke   1 Stück: 103 kcal   431 kJ   1,3 g Fett   1,6 BE

Christian´s Käsekuchen ohne Boden

500 g Magerquark
200 g Frischkäse mager
300 g Joghurt natur 1,5 %
180 g Rohrzucker oder Zucker
125 g Vollkorngrieß
2 Eier
500 g Heidelbeeren frisch oder tiefgefroren oder anderes Obst
1 Backpulver
1 Vanillepuddingpulver
10 g Margarine zum Fetten

Alle oben aufgeführten Zutaten (bis auf das Obst) in eine Rührschüssel geben und mit dem Schneebesen cremig rühren. Das Obst unter rühren und die Masse in eine gefettete Springform schütten und bei 200 Grad oder 160 Grad Umluft ca. 75 Minuten backen, bis der Kuchen leicht braun auf der Oberseite wird. Den Ofen während des Backens nicht öffnen. Backofen ausschalten und den Kuchen noch 10 Minuten im Ofen stehen lassen.

12 Stück   1 Stück: 228 kcal   954 kJ   3,7 g Fett   2,2 BE

Durchsichtiger Apfelkuchen

200 g Mehl Type 1050
100 g Halbfettmargarine
50 g Rohrzucker oder Zucker
1 Ei
1 TL Backpulver
1300 g Äpfel
¾ l Apfelsaft (750 ml)
2 Päckchen Vanillepuddingpulver
5 g Margarine zum Fetten

Mehl mit Backpulver mischen, dann Halbfettmargarine, Zucker und das Ei dazu geben und zu einem Teig verkneten. 1/2 Stunde in den Kühlschrank stellen. Äpfel schälen, vierteln, entkernen. Springform mit glattem Boden fetten. Knapp 2/3 des Teiges ausrollen und damit den Boden der Springform auskleiden. Mit dem restlichen Teig einen 4 cm hohen Rand formen. Äpfel nun raspeln. Ofen vorheizen. Puddingpulver mit etwas Apfelsaft in einer Tasse verrühren. Restlichen Apfelsaft in einem großen Topf zum Kochen bringen, das angerührte Puddingpulver mit einem Schneebesen in den Apfelsaft rühren und 1 Minute kochen lassen, dabei ständig umrühren. Die geraspelten Äpfel in den heißen Apfelsaftpudding geben. Diese Masse noch heiß in die Teigform geben und bei 200 Grad oder 160 Grad Umluft ca. 1 Stunde backen. Den Kuchen unbedingt in der Form erkalten lassen, da er sonst auseinander läuft.

16 Stücke   1 Stück: 171 kcal   715 kJ   3,8 g Fett   2,7 BE

Haselnusskuchen

250 g Halbfettmargarine
180 g Rohrzucker oder Zucker
4 Eier
250 g Mehl Type 1050
3 TL Backpulver
150 g Haselnüsse gemahlen
1 EL Puderzucker
10 g Margarine zum Fetten

Kastenform einfetten. Halbfettmargarine und Zucker in einer Schüssel schaumig rühren. Mehl und Backpulver mischen. Mit den Haselnüssen in die Schüssel geben. Rühren, bis der Teig reißend vom Löffel fällt. Backofen vorheizen. Teig in die Form einfüllen. Kuchen auf die mittlere Schiene in den vorgeheizten Ofen stellen. 60 Minuten bei 200 Grad oder 160 Grad Umluft backen.

24 Stücke   1 Stück: 160 kcal   669 kJ   9,4 g Fett   1,3 BE

Kirschkuchen

100 g Margarine
100 g Rohrzucker oder Zucker
2 Eier
Schale von 1 unbehandelten Zitrone
200 g Mehl Type 1050
1 TL Backpulver
2 EL Milch 1,5% Fett
400 g Kirschen frisch oder gefroren
10 g Margarine zum Fetten

Springform fetten. Margarine, Zucker und Eier schaumig rühren, die abgeriebene Zitronenschale, das mit Backpulver gemischte Mehl und die Milch unterrühren. Teig in die Springform geben. Mit entsteinten Kirschen belegen und bei 190 Grad oder 150 Grad Umluft 45 Minuten backen.

12 Stücke   1 Stück: 203 kcal   849 kJ   10 g Fett   2 BE

Himbeerkuchen

3 Eier
3-4 EL Wasser heiß
120 g Rohrzucker oder Zucker
1 Prise gemahlene Vanille, 1 Prise Salz
200 g Mehl Type 1050
3 gestrichene TL Backpulver
10 g Margarine zum Fetten
125 g Magerquark
1 Prise gemahlene Vanille
400 g Himbeeren gefroren oder frisch
2 Päckchen weißen Tortenguss
25 g Rohrzucker oder Zucker

Springform fetten. Eigelb mit Wasser schaumig schlagen, nach und nach 80 g Zucker unterschlagen. Eiweiß mit Salz in einer anderen Schüssel steif schlagen, restlichen Zucker dazu, nochmals kurz schlagen. Backofen vorheizen. Den steifen Eischnee auf die Eigelbcreme geben. Mehl und Backpulver vermischen, mit einem Sieb auf die Creme sieben und mit einem Schneebesen vorsichtig unterheben. In Form einfüllen und vorsichtig glatt streichen. Bei 180 Grad oder 150 Grad Umluft ca. 30 Minuten backen. Biskuit auskühlen lassen. Kalten Biskuit aus der Form lösen und einmal durchschneiden. (Da nur 1 Teil benötigt wird, den 2. evt. für einen anderen Kuchen einfrieren.) Biskuit auf eine Tortenplatte legen. Quark mit Vanille verrühren und auf den Biskuitboden streichen. Einen Tortenring um den Biskuit legen. Die Himbeeren darauf verteilen. 2 Päckchen Tortengusspulver und den Zucker in einem Topf mischen und nach und nach mit 500 ml Wasser glatt rühren. Zum Glattrühren einen Rührlöffel verwenden. Das Ganze unter Rühren zum Kochen bringen. Den Guss nun sofort von der Mitte aus gleichmäßig über die Himbeeren verteilen. Kuchen kalt stellen. Wenn der Tortenguss fest ist, den Tortenring vorsichtig entfernen. Am gleichen Tag mit dem Essen beginnen. Kuchen weicht rasch durch.

12 Stücke   1 Stück: 98 kcal   410 kJ   1,6 g Fett   1,5 BE

Karolin´s Nervenaufbaukuchen

4 Eier
75 g Rohrzucker oder Zucker
1Prise Salz
1 TL Zimt gemahlen
200 g Haferflocken grob
50 g Mehl Type 1050
1 TL Backpulver
600 g Äpfel geschält gewogen
10 g Margarine zum Fetten

Eine Springform fetten. Äpfel schälen, vierteln, entkernen und grob raspeln. Eier, Zucker, Salz, Zimt schaumig rühren. Haferflocken, Mehl und Backpulver mischen und unter die Eimasse rühren. Zum Schluss die Äpfel unter den Teig rühren. In die Springform füllen. Bei 180 Grad oder 150 Grad Umluft 45 Minuten backen.

12 Stücke   1 Stück: 160 kcal   669 kJ   4,1 g Fett   2 BE

Korbinian´s Apfeltorte

500 g geraspelte Äpfel
100 g Rohrzucker oder Zucker
300 g Vollkornmehl oder Mehl Type 1050
1 Backpulver, 1 EL Kakao
1 TL Zimt gemahlen oder Lebkuchengewürz
2 Eier
100 g geriebene Nüsse oder Cocosflocken
100g Sultaninen (können auch weg gelassen werden)

Backpapier über einen Springformboden spannen. Geraspelte Äpfel mit dem Zucker mischen. (Bei Äpfeln mit wenig Saft ca. 15 Minuten stehen lassen). Alle Zutaten vermischen. In die Springform füllen. Bei 200 Grad oder 160 Grad Umluft den Kuchen 45 Minuten backen.

16 Stücke   1 Stück: 170 kcal   711 kJ   4,2 g Fett

Michelle´s Marmorkuchen

250 g Joghurt natur 1,5% Fett
180 g Rohrzucker oder Zucker
3 Eier getrennt
1 Prise gemahlene Vanille
375 g Mehl Type 1050
1 Backpulver
20 g Backkakao
etwas Milch
10 g Margarine zum Fetten

Springform fetten. Joghurt geschmeidig rühren. Nach und nach den Rohrzucker, Vanille und Eigelb zugeben. Mehl und Backpulver mischen, sieben und unterrühren. Eiweiß steif schlagen und unter den Teig heben. Etwa 2/3 des Teiges in eine Form füllen. Für den dunklen Teig Kakao sieben und unter den restlichen hellen Teig rühren. Sollte der Teig zu fest werden, ein wenig Milch dazugeben. Den dunklen Teig auf den hellen Teig verteilen und mit einer Gabel spiralförmig durch die Teigschichten ziehen, damit ein Marmormuster entsteht. Bei 180 Grad ca. 60–70 Minuten backen.

24 Stücke   1 Stück: 100 kcal   418 kJ   1,5 g Fett   1,7 BE

Michelle´s Apfelkuchen mit Buttermilch

> 400 g Mehl Type 1050
> 150 g Rohrzucker oder Zucker
> 300 g Buttermilch
> 3 Eier
> 1 Prise Salz
> 1 Backpulver
> 2 Prisen Vanille
> 1 kg Äpfel
> 1 TL Zimt

Ein Backblech mit Backpapier auslegen. Mehl mit Backpulver, Salz und 100 g Zucker vermischen. Buttermilch, Eier und Vanille verrühren, langsam zur Mehl-Zucker-Mischung gießen und zu einem glatten Teig verarbeiten. Teig auf das Blech geben und glatt streichen. Äpfel waschen, schälen, vierteln und in Scheiben schneiden, auf dem Teig verteilen. Den restlichen Zucker mit dem Zimt vermischen und darüber streuen. Den Kuchen bei 200 Grad oder 180 Grad Umluft ca. 30 Minuten backen.

24 Stücke   1 Stück: 117 kcal   490 kJ   1,2 g Fett   2 BE

Möhrentorte

5 Eier
2 EL Wasser
100 g Rohrzucker oder Zucker
1 Prise Vanille gemahlen
Schale von 1/2 unbehandelten Zitrone
1 Prise Salz
½ TL Zimt gemahlen
60 g Mehl Type 1050
1 TL Backpulver
150 g Mandeln gemahlen
450 g Karotten
10 g Margarine zum Fetten

Eine Springform mit glattem Boden fetten. Karotten schälen und fein raspeln. Eigelb mit Wasser und Zucker sehr schaumig rühren. Eiweiß steif schlagen. Mehl, Backpulver und die gemahlenen Mandeln vermischen. Steifes Eiweiß auf die Eigelbcrememasse geben. Darüber die Mehlmischung. Alles mit einem Schneebesen vorsichtig unterheben. In die Springform füllen und bei 190 Grad oder Umluft 150 Grad ca. 50 Minuten backen. Schmeckt besonders gut am nächsten Tag.

12 Stücke   1 Stück: 169 kcal   707 kJ   10 g Fett   1 BE

Schneewittchenkuchen

100 g Margarine
75 g Joghurt natur 1,5% Fett
100 g Rohrzucker oder Zucker
1 Prise gemahlene Vanille
3 Eier
200 g Mehl Type 1050
2 TL Backpulver
2 TL Backkakao
10 g Margarine zum Fetten
1 Glas Sauerkirschen (Abtropfgewicht 370g)
500 g Magerquark
30 g Rohrzucker oder Zucker
1 Prise gemahlene Vanille
200 ml Schlagsahne
2 Päckchen Tortenguss weiß
400 ml Kirschsaft

Springform fetten. Kirschen in einem Sieb abtropfen lassen. Saft in einer Schüssel auffangen. Margarine, 100 g Zucker und Vanille geschmeidig rühren, die Eier nach und nach unterrühren. Mehl und Backpulver vermischen und unter die Masse rühren. Die Hälfte des Teiges in die Springform füllen, in den restliche Teig den Backkakao einrühren und auf den hellen Teig streichen. Backofen vorheizen. Die abgetropften Kirschen auf dem Teig verteilen. Kuchen bei 200 Grad oder 160 Grad Umluft ca. 45 Minuten backen. Abkühlen lassen. Tortenboden aus der Form lösen und auf eine Tortenplatte setzen. Einen Tortenring um den Kuchen legen. Quark, 30 g Zucker und Vanille verrühren. Sahne steif schlagen und unter den Quark heben. Masse auf den Kuchen streichen und kühl stellen. 2 Päckchen Tortengusspulver in einen Topf geben und nach und nach mit 400 ml Kirschsaft glatt rühren. Zum Glattrühren einen Rührlöffel verwenden. Das Ganze unter Rühren zum Kochen bringen und sofort auf der Quarkmasse verteilen. Torte ca. 2 Std. kühl stellen.

16 Stücke   1 Stück: 238 kcal   996 kJ   11 g Fett

Spanische Apfeltorte

100 g Halbfettmargarine
150 g Zucker
4 Eier
200 g Mehl Type 1050
1 EL Backkakao
1 TL Zimt gemahlen
1 Msp. gemahlene Nelken
1 Prise Salz
3 TL Backpulver
600 g Äpfel
10 g Margarine zum Fetten

Springform fetten. Äpfel schälen und entkernen. 100 g
Margarine und den Zucker verrühren, Eier nach und nach
dazugeben und weiterrühren, bis eine cremige Masse
entsteht. Äpfel grob raspeln. Mehl, Kakao, Backpulver,
Gewürze und Salz vermischen und in den Teig rühren.
Backofen vorheizen. Apfelraspeln unter den Teig heben.
Teig in die Springform füllen und bei 190 Grad oder 150
Grad Umluft ca. 50 Minuten backen.

16 Stücke   1 Stück: 148 kcal   619 kJ   5 g Fett   2 BE

Anna´s Zitronen-Waffeln

50 g Rohrzucker oder Zucker
4 Eier
100 g Mehl Type 1050
100 g Haferflocken fein
1 EL Backpulver
Ca. 1/4l Milch (250 ml) 1,5% Fett
abgeriebene Schale von 1 unbehandelten Zitrone
5 g Margarine zum Fetten

Alle Zutaten zu einem Teig verrühren und ca. 20 Minuten quellen lassen. Waffeln backen.

10 Waffeln 1 Waffel: 137 kcal   573 kJ   4,3 g Fett   1,7 BE

Kartoffelwaffeln

3 Eier getrennt
65 g Rohrzucker oder Zucker
50 g Nüsse gemahlen
300 g Kartoffeln gekocht (vom Vortag)
1 TL Backpulver
1 TL Zimt
5 Margarine zum Fetten

Eigelb, Zucker und Zimt schaumig rühren. Kartoffeln reiben und mit den Nüssen und Backpulver unter die Eimasse rühren. Eiweiß steif schlagen und unter die Masse heben. Waffeln backen.

10 Waffeln   1 Waffel: 102 kcal   427 kJ   4,5 g Fett   0,9 BE

Brotteilchen

1 Hefe frisch
125 ml (1/8 l) warmes Wasser
250 g Mehl Type 1050
3 Prisen Salz
2 EL Oliven- oder Rapsöl
1 Eigelb
1 EL Milch 1,5% Fett
1 EL Sesam
1 TL Kreuzkümmel

Backblech mit Backpapier belegen. Hefe in eine Schüssel bröckeln, mit dem warmen Wasser verrühren und 10 Minuten gehen lassen. Mehl, Salz und Öl dazugeben und alles mit dem Handrührgerät (Knethaken) zu einem glatten Teig verkneten. Zugedeckt 15 Minuten stehen lassen. Teig noch mal kurz kneten und ca. ½ cm dick ausrollen. Mit verschieden kleinen Ausstechern (z.B. Tierchen, Monde, Sterne etc.) Formen ausstechen. Teilchen auf das Backblech legen, Milch und Eigelb in einer Tasse mischen und damit die Teilchen bestreichen. Mit Sesam und/oder Kreuzkümmel bestreuen. Bei 200 Grad oder 160 Grad Umluft ca. 15-20 Minuten hellbraun backen. Teilchen eignen sich gut zum Dippen.

Gesamtes Rezept: 1146 kcal 4794 kJ 22 g Fett 16,5 BE

Schnelle Brötchen

250 g Vollkornmehl
250 g Magerquark
1 Ei
1 Backpulver
2 Prisen Salz
4 EL Milch 1,5% Fett
1 EL Sesam
1 TL Sesam

Backblech mit Backpapier belegen. Mehl mit Backpulver und dem Salz in einer Schüssel vermischen. Quark, Ei, Milch und 1 EL Sesam dazu geben. Mit der Hand zu einem Teig verkneten. Teig in 10 gleich große Teile teilen. Aus jedem Teigteil ein Brötchen formen und auf das Blech legen. Etwas Abstand zwischen den Brötchen lassen. Den Backofen vorheizen. Die Semmeln mit kaltem Wasser bepinseln und mit Sesam bestreuen. Bei 200 Grad oder bei 160 Grad Umluft 35 Minuten backen. Blech aus dem Ofen nehmen und die Semmelchen auf einem Kuchengitter auskühlen lassen. Schmecken frisch am Besten.

10 Brötchen
1 Brötchen: 109 kcal 456 kJ   1,5 g Fett   1 1/4 BE

Isabell´s Kraftbrötchen

1 Hefe frische
200 ml lauwarmes Wasser
400 g Mehl Type 1050
150 g Möhren
1 EL Sesam
25 g Kürbiskerne
1 TL Salz
¼ TL Curry

Blech mit Backpapier auslegen. Kürbiskerne fein hacken.
Möhren schälen und fein raspeln. Hefe und warmes Wasser
in einer Schüssel verrühren. Mit einem Tuch abdecken und
ca. 10 Minuten stehen lassen. Dann Mehl, Sesam,
Kürbiskerne, Salz, Curry und die Möhren dazu geben. Alles
mit dem Handrührgerät (Knethacken) zu einem
geschmeidigen Teig verkneten. Wieder mit einem Tuch
zudecken und ca. 20 Minuten stehen lassen. Nun den Teig
in ca. 18 Teile (ca. 40 g je Teil) teilen und aus jedem Teil
eine kleine Semmel formen. Die Semmeln auf das Blech
setzen, mit warmem Wasser bestreichen und nochmals ca.
20 Minuten stehen lassen. Nun bei 200 Grad oder 160 Grad
Umluft backen. Nicht vorheizen. Backzeit ca. 35-40 Minuten.
Anstelle von Brötchen kann man auch Stangenweißbrot oder
Kastenbrot machen.

18 Brötchen   1 Brötchen: 92 kcal   385 kJ   1 g Fett 1,5 BE

Müslibrot

150 g Früchtemüsli
300 g Milch 1,5% Fett
1 Ei
200 g Mehl Type 1050
1 Päckchen Backpulver
1 Prise Salz
½ TL Zimt gemahlen
10 g Margarine zum Fetten

Kastenform fetten. Müsli mit Milch und Ei in eine Schüssel geben, vermischen und 5 Minuten stehen lassen. Den Backofen auf 190 Grad oder 160 Grad Umluft vorheizen. Mehl, Backpulver, Salz und Zimt vermischen. Nach und nach die Müslimischung unter die Mehlmischung rühren, bis ein gleichmäßiger Teig entsteht. Die Teigmasse in die Kastenform füllen und das Müslibrot in den Ofen schieben und ca. 60 Minuten backen.

Gesamtes Rezept: 1462 kcal/ kJ   28 g Fett

WEIHNACHTS-GEBÄCK

Adventsbrot

500 g Mehl Type 1050
1 Päckchen Backpulver
500 g Magerquark
2 Eier
100 g Rohrzucker oder Zucker
1 Prise Vanille gemahlen
1 Prise Salz
100 g Rosinen
100 g getrocknete Aprikosen ungeschwefelt
(oder 100g Orangeat oder 100g Zitronat)

Backblech mit Backpapier belegen. Aprikosen in kleine
Würfel schneiden. Mehl mit Backpulver in einer Schüssel
mischen, dann Quark, Eier, Zucker, Vanille, Salz, Rosinen
und Aprikosen hinzugeben. Alles zu einem Teig kneten, für
30 Minuten ruhen lassen. Backofen vorheizen. Einen Stollen
formen und auf das Blech legen. Bei 190 Grad oder 160
Grad Umluft 60 Minuten backen.

100 g Adventsbrot gebacken: 244 kcal   1020 kJ   1,4 g Fett

Kartoffellebkuchen

2 Eier getrennt
90 g Rohrzucker oder Zucker
150 g Nüsse gemahlen
200 g Kartoffeln gekocht (vom Vortag)
1 TL Backpulver
1 TL Zimt gemahlen
1 TL Lebkuchengewürz

Am Tag vorher 250 g Kartoffeln in der Schale kochen, schälen und für den nächsten Tag kalt stellen.

Am nächsten Tag Backblech mit Backpapier belegen. Kartoffeln grob reiben. Eigelb, Zucker, Zimt und Lebkuchengewürz schaumig rühren. Kartoffeln mit den Nüssen und Backpulver unter die Eimasse rühren. Eiweiß steif schlagen und unter die Masse heben. Backofen vorheizen. Mit 2 Teelöffeln Häufchen auf das Backblech setzen und bei 180 Grad oder 150 Grad Umluft 35-40 Minuten goldgelb backen. Ergibt ca. 20 Lebkuchen. Eignen sich nicht zum Lagern.

20 Lebkuchen 1 Lebkuchen: 79 kcal 331 kJ 5 g Fett 0,4BE

Kokos-Quark-Makronen

3 Eiweiß
60 g Rohrzucker oder Zucker
65 g Magerquark
200 g Kokosraspeln
2 Tropfen Bittermandelaroma

Eiweiß mit Zucker sehr steif schlagen. Quark, Bittermandelaroma und Kokosraspeln unterheben. Mit 2 Teelöffeln kleine Häufchen auf ein mit Backpapier ausgelegtes Backblech setzen. Bei 170 Grad oder 150 Grad Umluft ca. 20-25 Minuten backen.

60 g Makronen gebacken: 216 kcal   904 kJ 18 g Fett 1 BE

Magenbrot

175 g Rohrzucker oder Zucker
125 ml Milch 1,5% Fett
1 Ei
50 g Backkakao
½ TL Zimt gemahlen
2 Msp. Nelken gemahlen
300 – 350 g Mehl Type 1050
½ Backpulver
2 EL Puderzucker
etwas Wasser für Guss

Backblech mit Backpapier belegen. Zucker, Milch und Ei in einer Schüssel mit dem Kochlöffel verrühren, Kakao und Gewürze zugeben, untermischen. Zuletzt Mehl und Backpulver mischen und unterkneten. (Mehlmenge hängt von Eiergröße ab) Rollen formen, bei 190 Grad Umluft oder 160 Grad ca. 20 Minuten backen. Puderzucker mit Wasser zu einem Guss verrühren. Die Magenbrotstangen noch heiß mit Zuckerguss bepinseln und sofort in Stücke schneiden.

16 g Magenbrot gebacken: 60 kcal   251 kJ 0,7 g Fett 1 BE

Spekulatius

500 g Mehl Type 1050
150g Rohrzucker oder Zucker
1 Msp. gemahlene Nelken
1 Msp. gemahlener Kardamom
1 TL Zimt gemahlen
3 Eier
200 g Halbfettmargarine
100 g gemahlene Haselnüsse

Alle Zutaten zu einem Teig verkneten. 1 Stunde kalt stellen. Teig ½ cm dick ausrollen, ausstechen und auf ein mit Backpapier ausgelegtes Blech legen. Bei 200 Grad oder 160 Grad Umluft ca. 25-30 Minuten backen.

20 g Spekulatius gebacken: 85 kcal 356 kJ 3,7 g Fett 1 BE

Manuela´s Schüttellebkuchen

Schüssel I:
350 g Mehl Type 1050
200 g Rohrzucker oder Zucker
100 g gemahlene Nüsse
150 g klein gehacktes Zitronat oder Orangeat oder gemischt
1 Prise gemahlene Vanille
1 Backpulver
2 TL gemahlene Nelken
3 TL Lebkuchengewürz

Schüssel II:
300 ml Milch 1,5 % Fett
4 Eier
100 g zerlassene Butter

10 g Margarine zum Blech fetten

Die Zutaten in Schüssel I und II gut schütteln oder verrühren. Dann beide Inhalte mit Kochlöffel verrühren oder verschütteln. Backofen vorheizen. Teig auf ein gefettetes Backblech gleichmäßig verteilen. Bei 200 Grad oder 160 Grad Umluft ca. 25 Minuten backen, erkaltet in Rauten schneiden.

48 Stücke   1 Stück: 90 kcal   377 kJ   3,9 g Fett   1 BE

Punschecken

½ unbehandelte Zitrone
½ unbehandelte Orange
60 ml Traubensaft rot
50 ml starker schwarzer Tee
2 Gewürznelken
½ Stange Zimt
50 g Rohrzucker oder Zucker
200 g Rohrzucker oder Zucker
200 g Halbfettmargarine
1 Prise gemahlene Vanille
3 Eier
300 g Mehl Type 1050
3 EL Backkakao
2 TL Backpulver
1 EL Puderzucker
10 g Margarine zum Fetten

Backblech fetten. Zitronen- und Orangenschale abreiben, den Saft auspressen. Abgeriebene Schalen und den Saft mit Traubensaft, Tee, Nelken, Zimt und 50 g Zucker erhitzen. Abkühlen lassen und den Punsch abseihen. Aus der Halbfettmargarine, Vanille, 200 g Zucker, Eiern, Mehl, Kakaopulver, Backpulver und 1/8 l des Punsches einen Teig rühren. Backofen vorheizen. Den Teig auf das gefettete Backblech streichen und auf der mittleren Schiene bei 200 Grad etwa 25 Minuten backen. Erkalten lassen, in Dreiecke schneiden und mit Puderzucker bestäuben.

48 Stück: 1 Stück: 67 kcal   280 kJ   2,4 g Fett   0,9 BE

Inhaltsverzeichnis